Una mirada
a España
Flake Daniel
NTC
NATIONAL TEXTBOOK COMPANY
D0148961

Preface

Una mirada a España actually takes two glances at Spain. The first reveals a tour of Spain today, zeroing in from the regions to the cities, finally ending up in the capital city of Madrid. The second is a tour through Spain's often tumultuous history, from the prehistoric cave paintings of Altamira past the Iberian blending of European and North African cultures and the conquering of the New World to the democratic monarchy of King Juan Carlos.

Designed for the intermediate classroom, *Una mirada a España* features simple, straightforward Spanish. Margin glosses explain difficult words and expressions and unfamiliar references to keep reading uninterrupted. Vocabulary is collected at the back of the book. The numerous photographs capture the very essence of the country that left an indelible linguistic and cultural mark on the Americas.

Students and teachers alike will feel eyes widening and minds widening for *Una mirada a España.*

Acknowledgments

The editors wish to thank Judy Custer and the Spanish National Tourist Office in Chicago for photographic assistance. The portrait of Columbus on page 105 appears by courtesy of the Italian Government Travel Office (E.N.I.T.).

1983 Printing

2 3 4 5 6 7 8 9 0 BC 9 8 7 6 5 4 3 2

Indice de materias

La geografía

El Río Duero pasa por Castilla la Vieja. En la foto, lo vemos pasar por Toro, en la provincia de Zamora.

STOP
ADUANA ESPAÑOLA
F

1 La tierra de España

España, situada al sudoeste del continente europeo, es un país de tradiciones y costumbres antiguas y de una historia fascinante. Tiene también una literatura rica que es tan variada como la gente del país.

España es un país pequeño, más grande que California, pero no tan grande como Texas. Con la excepción del peñón de Gibraltar, que pertenece a Inglaterra, y la pequeña república independiente de Andorra, España y Portugal componen la Península Ibérica.

peñon: *una montaña de piedra*

Andorra: *La Ciudad Vaticana, Mónaco, San Marino, Liechtenstein y Andorra son los cinco países independientes más pequeños del mundo*

Península Ibérica: *el nombre se deriva de los iberos que fueron los primeros habitantes de la Península*

Las fronteras

Al norte, los altos Pirineos separan España de Francia. Esta gran cordillera escarpada no es solamente la frontera entre los dos países sino también una barrera formidable entre España y toda Europa. Hay un refrán que dice que Africa comienza en los Pirineos, y se puede comprobar la influencia de este continente, sobre todo en el sur, en Andalucía.

refrán: *saying, proverb*

Aparte de Portugal, España está rodeada de fronteras naturales. Al norte se encuentra el Golfo de Vizcaya y al

el Golfo de Vizcaya: *llamado también el Mar Cantábrico; en inglés,* Bay of Biscay

La aduana española en Hendaya, Guipúzcoa. El turismo es importante para la economía del país.

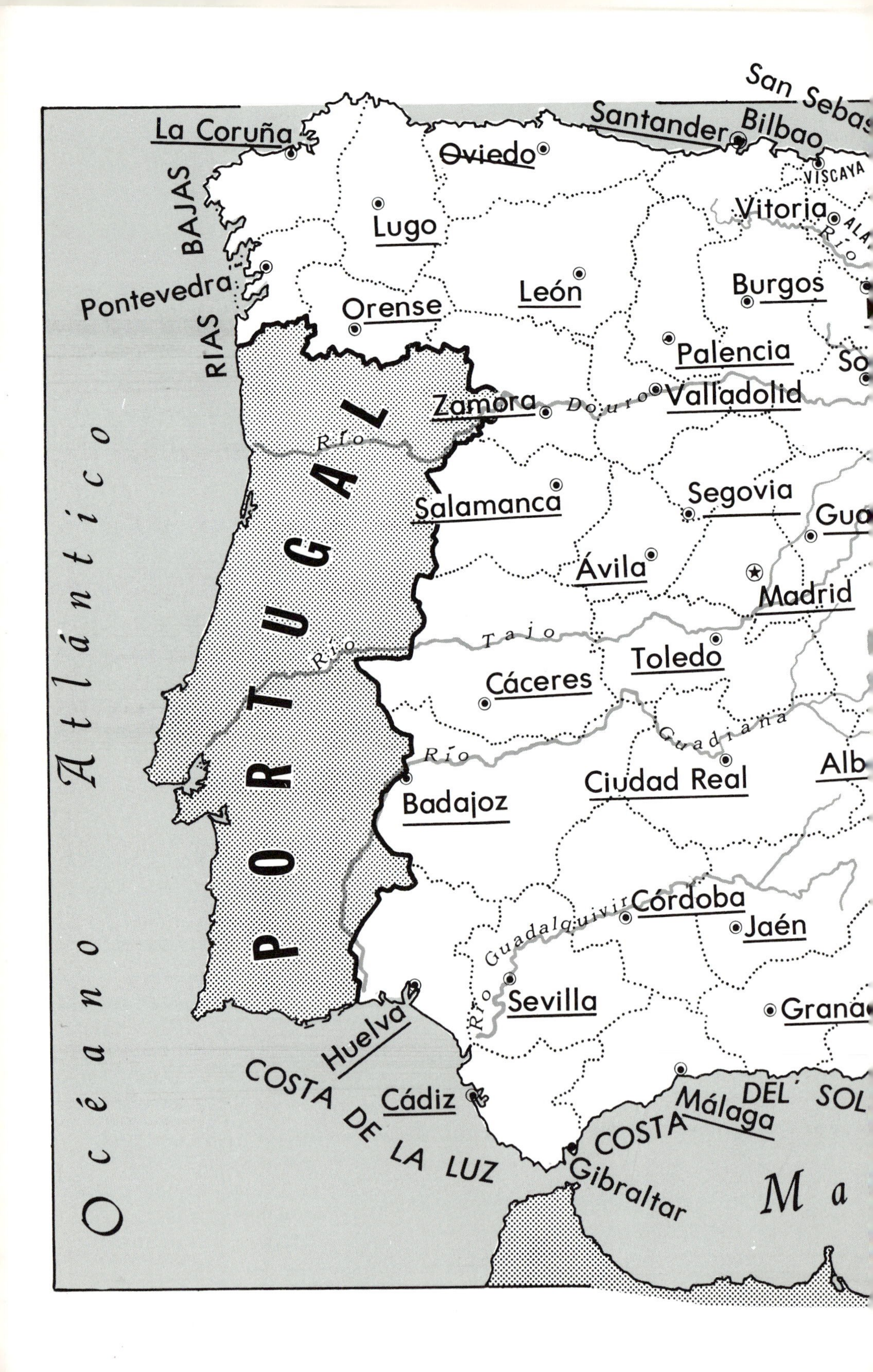

San Sebas
Santander
Bilbao
La Coruña
Oviedo
VISCAYA
Vitoria
ALA
Río
RIAS BAJAS
Lugo
Pontevedra
León
Burgos
Orense
Palencia
So
Zamora
Douro
Valladolid
Río
PORTUGAL
Salamanca
Segovia
Gua
Ávila
Madrid
Tajo
Río
Toledo
Cáceres
Guadiana
Río
Alb
Ciudad Real
Badajoz
Córdoba
Guadalquivir
Jaén
Sevilla
Río
Grana
Huelva
COSTA DE LA LUZ
Cádiz
Málaga
COSTA DEL SOL
Gibraltar
Océano Atlántico
Ma

FRANCIA
COSTA BRAVA
GUIPÚZCOA
NAVARRA
Pamplona
Logroño
Huesca
Gerona
Lérida
Zaragoza
Ebro
Barcelona
Tarragona
COSTA DEL AZAHAR
Teruel
Castellón de la Plana
Cuenca
Valencía
Palma
ISLAS BALEARES
La Capital Nacional
Alicante
Murcia
COSTA BLANCA
Mediterráneo
Almería
LEYENDA
León
Los nombres de la provincia y de la capital de la provincia son iguales.
La Capital Provincial

nordeste los Pirineos. Al este y al sudeste el Mar Mediterráneo forma los límites del país. Al sur el Estrecho de Gibraltar separa España del Africa del Norte. Al sudoeste se encuentra el Golfo de Cádiz. Portugal y el Océano Atlántico son las fronteras al oeste. Además, hay varias islas españolas: las Baleares en el Mar Mediterráneo y las Canarias cerca de la costa occidental de Africa.

El paisaje y el clima

A pesar de ser un país pequeño, España tiene un paisaje y un clima muy variados. Es uno de los países más montañosos de Europa, y Madrid es la capital más alta del continente. Hay varias cordilleras; en el centro se encuentra la Meseta Central. Esta no es cordillera sino altiplanicie que cubre casi una tercera parte de la superficie del país. Esta meseta está a una altura aproximada de 650 metros sobre el nivel del mar.

altiplanicie: *terreno elevado*

metro: *39,37 pulgadas*

En cuanto a las cordilleras, en el norte se hallan los Montes Cantábricos, en el centro la Sierra de Guadarrama y en el sur la Sierra Morena y la Sierra Nevada. El pico más alto de España, Mulhacén, de casi 3.800 metros, se encuentra en la Sierra Nevada. Como indica el nombre, las altas montañas de la magnífica Sierra Nevada están siempre cubiertas de nieve.

3.800: *In Spanish the comma is used as the decimal point and the period is used between hundreds and thousands in writing numbers of 4 figures or more*

Por lo general los ríos de España no son tan largos como los otros grandes ríos del mundo. Vamos a mencionar cinco de ellos.

El río más importante y el único que es navegable es el Guadalquivir. El nombre viene de la lengua mora y quiere decir «río grande». Desemboca en el Golfo de Cádiz después de recorrer 600 kilómetros a través de Andalucía. Este río es navegable desde el océano hasta Sevilla. Después del descubrimiento del Nuevo Mundo, los barcos españoles seguían el Guadalquivir hasta esta ciudad para descargar las riquezas que traían de las Américas.

Guadalquivir: *en la lengua mora,* Wadi el Kebir

kilómetro: *about 6/10 of a mile*

El Tajo, de 900 kilómetros de largo, es el río más largo de la península. Pasa por el centro de España y por Portugal; al desembocar en el Atlántico forma un gran estuario hermoso en Lisboa. El Duero tiene 775 kilómetros de largo y recorre desde su nacimiento cerca de Soria en Castilla la Vieja hasta el Atlántico, después de pasar también por Portugal.

Lisboa: *la capital de Portugal*

El Guadiana, con 825 kilómetros de largo, desemboca, como el Guadalquivir, en el Golfo de Cádiz. Aunque no es navegable, es de mucha importancia económica porque

Molinos de viento en la tierra llana y seca de La Mancha (Castilla la Vieja).

se usa hoy en día para regar la tierra seca de la región de Extremadura.

El único río que desemboca en el Mediterráneo es el Ebro. Tiene 765 kilómetros de largo. Desde la conquista mora en el siglo VIII, sus aguas han servido para regar los campos.

El clima de la Península, como el paisaje, varía mucho. Las provincias del norte no sufren de extremos de temperatura. Hay mucha lluvia y el paisaje es verde. Pero se

varía: *varies*

dice que el centro de España tiene un clima como el del oeste de Texas, es decir, hay mucho sol y poca lluvia. Hace mucho calor en el verano y mucho frío en el invierno. En Andalucía, la gran región del sur, el clima es casi tropical. Los inviernos son templados y en el otoño y en la primavera, esta región goza de un clima delicioso. Sin embargo, a causa de los extremos de temperatura en el verano, se llama esta región algunas veces «la sartén» de Europa.

sartén: *frying pan*

Tanto el clima como los paisajes de España son variadísimos. A pocos kilómetros de Madrid, donde rara vez nieva, está Navacerrada, lugar favorito para los deportes de invierno.

La economía

España está en vías de pasar de un país agrícola a un país industrializado. Sin embargo, los productos agrícolas forman una parte fundamental de la economía. De gran importancia figuran los vinos y las uvas de Jerez, de la Rioja y de Málaga; naranjas de Valencia; aceitunas y aceite de oliva; limones y dátiles.

Los cereales son de prima importancia, sobretodo el trigo. Se dice que la Meseta Central es el granero de España. Al viajar por esta parte del país, se ven trigales que llegan al horizonte. Además, en las llanuras costeras, hay arrozales que producen mucho arroz.

granero: *granary*
trigal: *wheatfield*
arrozal: *ricefield*

En las regiones lluviosas del norte, donde hay buenos pastos, hay mucha gente que se gana la vida de la ganadería.

Además, la minería es muy importante para la economía. En las áreas montañosas hay muchas minas. Los minerales más importantes son: hierro, cinc, manganeso, cobre, mercurio, plomo y carbón.

Hay también otras industrias de menos importancia. Por ejemplo, a causa de la larga costa, hay mucha gente que se dedica a la pesca. El pescado es una fuente principal de comida para los españoles. Otra industria es la de la madera. La madera del pino es la mejor de España. Y por supuesto, una gran parte del corcho del mundo se produce en Extremadura y en Castilla la Nueva.

costa: *coastline*

Una pequeña industria de la parte del sur es la de la sal. A lo largo de la costa del Mediterráneo, hay salinas donde se produce la sal por la evaporación del agua del mar.

salinas: *salt pits*

España tiene una gran industria metalúrgica en el norte y alrededor de las grandes ciudades. Los Altos Hornos de Vizcaya es la fundición más importante del país. Esta industria fabrica maquinaria, material de transportes y motores. La compañía americana, Ford, y la Renault de Francia tienen importantes instalaciones en el país.

metalúrgica: *metallurgic*
fundición: *foundry*

España también goza de una gran producción de cemento y de otros materiales de construcción. La cerámica y el vidrio forman parte de una gran tradición del país. Las fábricas textiles, concentrados en Cataluña, fortalecen la economía, igual que las industrias de curtidos y calzados. Existe también una industria química.

industrias de curtidos y calzados: *leather and shoe industries*

El número de extranjeros que visitan España cada año ha creado una nueva e importante industria de billones

Una fábrica de coches en los alrededores de Madrid.

Naranjas. El cultivo de esta *fruta* es una industria importante.

Olivos en la provincia de Cádiz. El cultivo de los olivares es otra industria importantísima, tanto por el aceite como por las aceitunas.

de dólares: el turismo. En los años cincuenta, el turismo introdujo en el país los primeros contactos que muchos españoles tuvieran con costumbres e ideas extranjeras. Tal intercambio ayudó a España a salir de su aislamiento de la posguerra.

aislamiento: *isolation*

En el pueblo costero de Lequeito (Vizcaya), unos pescadores están preparando la red en el puerto.

2

Las regiones

A pesar de su tamaño pequeño, hay en España trece regiones divididas en cincuenta provincias. Las regiones, por lo general, son los antiguos reinos de la península. Estas regiones guardan sus tradiciones y costumbres antiguas.

Aunque existe en extremo el regionalismo en España, hay ciertas características que tienen en común todos los españoles. La dignidad y el orgullo, es decir el «pundonor» legendario del español, están bien conocidos. También es hondamente religioso a la vez que es casi hedonista en sus placeres. A pesar de su «sentimiento trágico de la vida», celebra cualquier ocasión con mucho vigor y mucha alegría. Aún los más sombríos festivales religiosos son motivos para fiestas alegres.

El español ama hondamente la patria, pero ama aún más su región, su provincia, o su rincón particular en cualquier ciudad o pueblo. Sigue fiel a las tradiciones y las costumbres de España, pero considera casi sagradas las de su propia «patria chica».

De veras, España es una tierra de contrastes en su paisaje, en su clima y en el espíritu y el carácter de la gente.

pundonor: *contracción de «punto de honor»*

El sentimiento trágico de la vida: *el título de la obra maestra del gran autor del siglo XX, Don Miguel de Unamuno*

fiel: *faithful*

patria chica: *región o provincia en donde vive*

Una magnífica vista de una ría gallega. Fíjese en los pinos que recuerdan un paisaje nórdico. La Guardia, Pontevedra.

Galicia

Al noroeste de la Península Ibérica se encuentra la región de Galicia. Es una región montañosa, y en el centro hay picos de más de 2.000 metros de altura. Muchos ríos cortos, nacidos en las montañas, desembocan en el Golfo de Vizcaya en el norte y en el Atlántico en el oeste. Al desembocar estos ríos forman rías que proveen puertos para los barcos pesqueros, siendo la pesca una de las industrias principales de la región. Al caminar a lo largo de la costa occidental, el viajero verá las hermosas vistas de estas rías azules con sus pequeños barcos pesqueros.

rías: fjords. *Las rías de Galicia no yacen entre riscos y montañas altos como las escandinavas sino entre bajas colinas verdes.*

El clima de Galicia es variado. A causa de la altura en las áreas montañosas, hace frío y hay bastante nieve en el invierno. Pero cerca del mar hay mucha lluvia, el paisaje es verde y bonito y el clima es delicioso. Hace fresco por el verano y, a causa de la corriente del Golfo de México, no hace frío en el invierno.

Los habitantes de Galicia se llaman gallegos y hablan un dialecto que se llama gallego. Este dialecto se asemeja al portugués y se llama algunas veces la lengua de los poetas. Alfonso X el Sabio escribió casi toda su obra poética en este dialecto suave.

Alfonso el Sabio: *rey erudito de Castilla desde 1252 hasta 1284*

En Galicia celebran sus días festivales con gran ceremonia, pero en esta región del norte la música es la de la gaita en vez de la de la guitarra.

gaita: *bagpipe*

El gallego es supersticioso y cree todavía en las maquinaciones de las brujas y en la «Santa Compaña» que anda por la noche. Al soñar con esta «Santa Compaña», si se reconoce una cara conocida, es presagio de la muerte de esta persona.

Santa Compaña: *ghosts*

soñar con: *to dream about*

Aunque la vida fuera de las ciudades es todavía dura y primitiva, el gallego ama la tierra, y en esta región existen muchas herencias de pequeñas propiedades, muchas de las cuales no tienen más que una hectárea de tamaño. La tierra no es muy fértil y es muy difícil ganarse la vida cultivando una de estas granjas diminutas. Sin embargo, cultivan patatas y cereales y al viajar por las áreas rurales se ven muy pequeños graneros llamados hórreos. Se construyen sobre soportes para proteger los cereales de roedores y de la humedad de la tierra. Cada hórreo tiene una cruz encima como una oración muda.

roedores: *ratas, ardillas, etcétera*

La música de Galicia no es de la guitarra, sino de la gaita. Este gaitero de Puertomarín (Lugo) estará participando en alguna fiesta del pueblo.

A causa de la dificultad de ganarse la vida de su pequeña herencia, muchos gallegos han emigrado de su tierra. Se han establecido muchos en Sudamérica y algunos se han hecho muy ricos. Aunque tienen una vida feliz y próspera en cualquier ciudad o país, cada gallego desterrado sueña con su Galicia querida y con el día cuando pueda regresar.

Asturias

Asturias, con casi un millón de habitantes, es una pequeña región en el norte de España. La Cordillera Cantábrica, cuyos picos se alzan hasta más de 2.400 metros sobre el nivel del mar, se extiende a través de Asturias formando valles fértiles donde se producen frutas y legumbres. También los pastos son excelentes para el ganado y para los caballos finos que se crian en esta región.

La Cordillera Cantábrica: *La parte central de esta cordillera se llama «los Picos de Europa» a causa de su gran altura.*

Además, la minería es importante en Asturias. En las faldas de los Montes Cantábricos hay grandes yacimientos minerales. En Asturias se encuentran minas de carbón que son las más ricas de España. También en esta región hay yacimientos importantes de cobre y de hierro.

faldas: *slopes, foothills*

carbón: *The coal is a very hard anthracite*

yacimientos: *deposits*

El asturiano es industrioso y frugal, y su honradez y su dignidad son casi legendarios. Guarda con mucho cuidado sus leyendas y sus costumbres antiguas. Como el gallego, celebra sus días festivales de manera tradicional y con mucha ceremonia. Los asturianos también prefieren la música de la gaita.

honradez: *integrity*

Los asturianos cuentan con mucho orgullo que la Reconquista cristiana comenzara en las montañas de su pequeña región. Los moros subyugaron a casi toda España en los primeros años del siglo VIII. Las hordas islámicas no pudieron vencer a Asturias. Hubo una gran batalla en Covadonga donde, por primera vez, los musulmanes fueron derrotados. Así Asturias llegó a ser refugio de muchos nobles cristianos.

moro: *generic term used for all the Moslems who invaded Spain, though there were Arabs, Berbers, etc. as well as Moors*

En el año 1230, Asturias se unió con el reino de Castilla y desde entonces el primogénito del rey de España lleva el título de Príncipe de Asturias. El joven hijo del Rey Juan Carlos I es el actual Príncipe de Asturias.

primogénito: *first-born child*

actual: *present*

Las Provincias Vascongadas

Las Provincias Vascongadas es una de las regiones más interesantes de España y, con *le Pays Basque* de Francia al otro lado de los Pirineos, es una de las más interesantes de Europa. Aquí se habla un idioma cuyo origen se desconoce, el vascuence. Los vascos franceses dicen que su lengua tuvo origen en el Jardín del Edén. Los españoles dicen que el diablo vino a su región para comprarle a cierto vasco el alma, pero él no quiso vendérsela. Al fin, y después de mucho regateo, el vasco prometió dársela cuando el diablo hubiera aprendido el vascuence. Este se fue muy contento porque creía que ya era suya el alma del vasco. Pero encontró tan difícil el vascuence que, después de diez años, salió sin haber aprendido nada más que tres palabras.

regateo: *haggling*

La Casa Consistorial (Ayuntamiento) en Guernica (Vizcaya).

En las ciudades y en los pueblos de esta región hay muchos restaurantes pequeños pero excelentes. Según dicen muchos turistas, los vascos preparan toda clase de pescado mucho mejor que los franceses. Aquí se puede tomar calamares en su tinta y un típico plato vasco, cocochas, hecho de las cabezas del pescado. Muchos vascos que viven en el extranjero se ganan la vida como gerentes o dueños de restaurantes excelentes. Hay muchas asociaciones en el País Vasco donde los hombres se reúnen para guisar.

calamares: *squid*

en el extranjero: *abroad*

El vasco, a pesar de su obstinación legendaria, tiene muchas características que admirar. Es industrioso, honrado, y sobre todo orgulloso e independiente. Al estallar la guerra civil en 1936, los vascos trataron de establecer un gobierno autónomo en la ciudad de Guernica. La pintura *Guernica* de Pablo Picasso simboliza el horror de la destrucción de la ciudad en 1937.

Una gente hondamente religiosa, los vascos no han cambiado sus costumbres religiosas desde los tiempos medievales. Sin embargo, siempre se han guardado libres de la tiranía de los eclesiásticos.

Porque son fuertes y sin miedo de una vida solitaria y dura, hay muchos vascos que se hacen pastores o labradores y pasan su vida en una granja muy lejos de cualquier vecino. Se encuentran muchos en el oeste de los Estados Unidos donde cuidan los rebaños. Muchas personas los consideran los mejores pastores del mundo.

los Estados Unidos: *Los vascos que se han establecido en los Estados Unidos se encuentran, por lo general, en California y en las áreas de las Montañas Rocosas.*

Muchos jóvenes corren con los toros durante los sanfermines. A pesar de la violencia, sigue siendo una fiesta tremendamente popular.

Navarra y Aragón

Desde sus mismos principios las regiones de Navarra y Aragón han estado prácticamente unidas en su geografía, en su historia y en el caráter de la gente. Políticamente, se encontraron unidos por lo menos dos veces antes de la unificación del país en 1479. Sus paisajes y sus climas son semejantes y, por lo general, los navarros y los aragoneses se ganan la vida de la misma manera.

La frontera de las dos regiones al norte es la cordillera pirenaica y por eso la superficie es montañosa, áspera y desabrida. Sin embargo, hay valles fértiles a lo largo del Ebro y de sus tributarios donde se cultivan cereales y frutas. Hay muchas viñas y muchos navarros y aragoneses trabajan en la ganadería. Navarra tiene abundante madera en sus bosques que es utilizada en la construcción de muebles y barcos. Las minas de hierro y de lignito tienen cierta importancia económica en Aragón. Los navarros y los aragoneses tienen en común muchas características. Son industriosos e independientes y aun tercos. Quieren una vida tranquila, pero para defenderla, están dispuestos a combatir como tigres. Son alegres, y en las dos regiones les gustan cantar y bailar.

lignito: *lignite*

terco: *obstinado*

bailar: *La jota, un baile muy vivo, es el baile regional de Aragón.*

La capital de Navarra es Pamplona. Según dice la leyenda, Pompeyo fue fundador de esta ciudad antigua llamándola Pompaelo o Pompelo. Pamplona es famosa hoy en día por sus ferias, y sobre todo, por la fiesta de San Fermín que se celebra entre el 6 y el 16 de julio de cada año. Esta celebración, llamada «sanfermines», es una fiesta de toros, de no dormir, de comer demasiado y de beber vino.

Pompeyo: *(106-48 a. de J.C.) un general y hombre de estado de Roma que ganó mucha fama por sus campañas militares en España*

El «correr el encierro» es lo más conocido de todo lo que tiene lugar durante los días de «sanfermines». A las siete de la mañana un cohete da la señal de abrir la puerta del corral donde están los toros. Estos corrales están a una distancia de una milla de la plaza de toros. Todos los jóvenes de la ciudad, muchos de la región y aun algunos extranjeros esperan la señal. Cuando se abren las puertas y los toros se arrojan hacia la plaza de toros, los jóvenes corren delante de ellos. Es un deporte muy peligroso y los participantes tienen que ser ágiles y valientes—y quizás locos. Pero es una manera de probarse muy macho ante las lindas señoritas que están mirándolo todo desde los balcones de la calle estrecha.

cohete: *skyrocket*

puerta: *gate*

macho: *muy hombre*

Zaragoza, antigua capital del reino de Aragón, es la ciudad principal de hoy. Es un centro de industria donde se fabrican tejidos, jabón, papel, cemento, productos químicos, maquinaria agrícola y vagones y coches para ferrocarriles.

General Motors ya ha construido en Zaragoza una fábrica de montaje. Es también un centro de comercio y de transporte.

La Basílica de la Virgen del Pilar es un hermoso edificio de estilo barroco. Se encuentra en la orilla del Ebro y es un tesoro de joyas ricas, de tapices valiosísimos y de pinturas de Goya y de Velázquez. La Virgen será la más menuda del mundo. Tiene como 30 centímetros de altura y está puesta por encima de un pilar de jaspe. No se construyó la iglesia hasta el siglo XVIII.

menudo: *tiny*
30 centímetros: *about 1 foot*
jaspe: *jasper*

Durante la ocupación romana, llevaba Zaragoza el nombre de Caesaraugusta de lo cual se deriva el nombre actual.

Cataluña

La región de Cataluña se encuentra en el rincón nordeste de la Península Ibérica. Sus fronteras son: al norte, los Pirineos; al este, el Mar Mediterráneo; al sur, Valencia y al oeste, Aragón. La costa se extiende cerca de 330 kilómetros desde los Pirineos hasta la región de Valencia. Barcelona es la capital y el puerto más importante.

El paisaje de Cataluña es áspero. Las faldas de los Pirineos cubren casi la región entera e influyen mucho en el clima, en la economía y en el carácter de la gente.

En cuanto al clima, no se puede prognosticar el tiempo en Cataluña. Hay generalmente cambios súbitos, mucha lluvia, mucha niebla y en el verano hace mucho calor. Sin embargo, es favorable para la agricultura. Los productos principales son frutas de todas clases, nueces y cereales.

Cataluña es también una región comercial e industrial. Barcelona es, quizás, la ciudad más moderna de España. Es un gran centro de imprentas y de casas editoriales. Además, existe una vida cultural y artística en esta ciudad cosmopolita.

El catalán es inteligente y sagaz a la vez que es industrioso, independiente y frugal, casi tacaño. Pero a él le gustan mucho la música y el baile. El baile regional de Cataluña es la sardana y se puede ver grupos de jóvenes y mayores bailando en Barcelona así como en los pueblos y aldeas. El teatro y la ópera son importantes en la vida del catalán pero quizás una buena conversación inteligente es lo más importante de todo.

tacaño: *stingy*

En esta región se habla catalán. Desde hace unos años, tanto el catalán como el español se estudian en los colegios. Hay muchos periódicos y obras literarias escritas en catalán. Es una lengua de origen romano pero es bastante distinta al español.

Valencia

A causa de sus numerosas huertas de naranjos, melones, legumbres, arroz, etcétera, Valencia se llama la «huerta de España». Se pueden cultivar estos productos debido al sistema antiguo de riego construido hace varios siglos por los moros.

La influencia morisca se ve todavía en Valencia hoy en día. La ocupación mora duró aproximadamente cinco siglos en esta región. El Cid derrotó a los moros en la ciudad de Valencia en el siglo XI. Después de la muerte del Campeador en 1099, los infieles atacaron a la ciudad. Jimena, la esposa del Cid, trató de repulsarlos pero perdió al fin la lucha y los moros capturaron otra vez la ciudad.

Campeador: *champion, man of great bravery*

El valenciano es alegre, goza mucho de sus ferias y fiestas, y le gusta mucho bailar. Aunque no parece muy industrioso al compararlo con su vecino catalán, es bastante aplicado. A la frontera del norte se halla Cataluña, pero tanto el paisaje y el clima de las dos regiones como el carácter de la gente difieren mucho. El Mar Mediterráneo es la frontera al sudeste y la mayor parte de esta región larga y estrecha es una vega baja. Hace calor y hay mucha humedad.

vega: *fertile plain*

Sin embargo, además de la agricultura unos valencianos se dedican a la pesca. También hay un gran comercio de exportación, y Valencia es una de las regiones más prósperas de España.

Aquí se puede gozar de una experiencia gastronómica, porque la paella valenciana, uno de los platos más

Una sabrosa paella valenciana, quizás el más conocido plato español.

La Albufera está a poco kilómetros de Valencia. Se puede llegar de esta laguna al mar por unas estrechas bocas.

populares de España, tuvo su origen en esta región. Para prepararla se necesitan aceite de oliva, cebolla, ajo, arroz, azafrán, langostas, camarones y pollo. En Valencia se añaden anguilas y, algunas veces, caracoles. Es un platillo muy sabroso, y al llegar a Valencia, se debe probarlo. Sin embargo, para encontrar la verdadera paella, es necesario ir a la isla de Palmar en medio de la Albufera de Valencia, porque en este mismo lugar, esta obra maestra de la cocina se dio a luz con motivo de la visita de una reina española. Por primera vez, iba a visitar la pequeña isla un monarca de España. Para honrarla, inventaron este plato, usando casi todos los productos de Palmar. El nombre es contracción de «para ella», o en el dialecto de la isla, «paella».

aceite de oliva: *olive oil*

albufera: *laguna*

Murcia

La región de Murcia está en el sudeste de la península. Sus fronteras son Valencia al nordeste, el Mar Mediterráneo al sudeste, Andalucía al oeste y, al noroeste, Castilla la Nueva. El clima es variado porque una parte de la Meseta Central se extiende en el noroeste de la región. Allí hay poca lluvia, hace calor en el verano y mucho frío en el invierno. Por contraste, aunque hay poca lluvia, la llanura costera es una vega fértil regada por las aguas del Río Segura.

Esta región consiste en dos provincias: Albacete, la provincia montañosa, y Murcia, la de la llanura costera. Albacete se encuentra en el noroeste de la región; al sudeste de la Meseta se encuentra la Sierra de Alcaraz. Estas montañas están cubiertas de nieve hasta finales de abril.

Los productos agrícolas de Albacete son cereales de toda clase. También cultivan la vid de la cual se hace un vino regular. Además crían toros para las corridas. Hay minas de cobre y de carbón, pero no son de mucha importancia económica.

crían toros: *they breed bulls*

La capital, llamada también Albacete, es importante por ser el cruce de varias carreteras principales, como la que va entre Madrid y Alicante.

Como Valencia, su vecina al nordeste, la provincia de Murcia tiene una huerta y un sistema de riego construido por los moros. Los productos de la huerta, frutas y legumbres, igualan y aun sobrepasan los de Valencia.

La capital de la región es una ciudad deleitosa e interesante. Muchos consideran la catedral con su fachada plateresca una de los mejores del estilo barroco de España.

la capital: *La capital se llama también Murcia.*

En esta región se ve las huellas de los romanos y de los moros. El dialecto murciano tiene muchas palabras derivadas del árabe. Los habitantes también revelan su herencia mora en sus facciones y en su aspecto general.

revelar: *to reveal*
facciones: *features*

Murcia es una región de valles, montañas, una altiplanicie y una vega costal. Por lo general, el clima es delicioso. A pesar de todo, parece que solamente el hispanófilo más ávido visita esta región deleitosa. ¡Qué lástima!

Andalucía

Se encuentra en el sur de España la región maravillosa de Andalucía. Está rodeada al norte de Extremadura y de Castilla la Nueva. Al sur, el Mar Mediterráneo, el Estrecho de Gibraltar y el Golfo de Cádiz forman sus fronteras. Al este, se encuentran la pequeña región de Murcia y otra vez el Mar Mediterráneo y, al oeste, Portugal.

El clima de Andalucía es más templado que el de las otras regiones. En el verano su clima es severo, pero en la primavera y en el otoño, hace un tiempo muy agradable. En el invierno raramente nieva.

Precisamente por su clima templado, el andaluz se gana la vida generalmente cultivando la tierra. Hay muchos olivares y se dice que el mejor aceite de oliva del mundo se hace en Andalucía. Hay muchas viñas cuyas uvas producen vinos exquisitos. Se producen otras frutas, tales como limones, naranjas, granadas, higos y almendras. De las naranjas amargas, se hace una mermelada sabrosísima.

olivar: *olive grove*

Además del cultivo de frutas, la ganadería es importante y también hay numerosas minas de hierro, de cobre, de plata, de mercurio y de otros minerales.

El extranjero cree generalmente que la vida de toda España es como la de Andalucía. Piensa en la música de la guitarra, sin darse cuenta de que el instrumento predilecto de las regiones del norte es la gaita. La alegría de los gitanos, con su música y bailes flamencos, pertenece a Andalucía, no a toda España. Los andaluces saben llorar y lo hacen fácilmente (aun los hombres) cuando tienen que hacer frente a la tragedia. Pero, por lo general, el andaluz no existe solamente, sino que pasa por la vida celebrando todo. Por eso las fiestas y las ferias de esta región son las más alegres de toda España, una tierra famosa por sus fiestas. Puede ser que la alegría sea el producto más importante de Andalucía.

En esta región se ve la influencia de los árabes más que en otras partes de España porque vivieron aquí mas de 700 años. Se ve esta influencia en la arquitectura y en los habitantes que han conservado algo de los árabes en su carácter y en su manera de vivir.

Las uvas de Andalucía producen vinos exquisitos.

Extremadura

El mismo nombre de Extremadura indica como es esta región. De veras, es una tierra extrema y dura. El clima es más o menos templado excepto en el verano cuando hace mucho calor. Hay un viento caluroso, llamado «el solano», que quema la tierra, y hay poca lluvia. Por eso, la agricultura es difícil excepto a lo largo del Río Guadiana.

El mismo nombre: *the very name*

La fabricación de coñac, de tejidos de lana y de artículos de corcho existe en unos pueblos y ciudades. Al viajar por Extremadura en coche o en autobús, se ven bosques de alcornoques. Se ven también camiones cargados de la corteza de los alcornoques. Y de vez en cuando se pasa una fábrica donde se convierte la corteza en artículos de corcho. Se les puede quitar la corteza a los árboles cada nueve años. Este trabajo es difícil y es necesario hacerlo con mucho cuidado para no hacer daño a los árboles.

Una de las industrias interesantes es la de los botijos. Se fabrican de barro rojo y se utilizan principalmente como jarros para agua. Se puede comprar los botijos de Extremadura en cualquier ciudad o pueblo de España, porque los extremeños andan por todas partes conduciendo su burro cargado de botijos. De vez en cuando, un extremeño atraviesa los Pirineos para vender sus botijos en Francia.

Varios son los factores que han impedido el desarrollo de la economía. La falta de buena enseñanza y la pobreza se reflejan en el carácter de la gente de esta región. Como toda España, Extremadura sufrió de la expulsión (1492-1650), de los moros y de los judíos. También perdió más jóvenes que salieron para buscar riquezas en el Nuevo Mundo. En la historia del descubrimiento, de la conquista y de la colonización de estas tierras, se encuentran nombres tales como Cortés, Pizarro, Balboa y muchos otros extremeños. Todo el mundo conoce la historia de la conquista de México por Hernán Cortés y del Perú por Francisco Pizarro. Todo el mundo sabe también que fue Vasco Nuñez de Balboa que descubrió el Océano Pacífico. Los extremeños de hoy en día todavía tienen mucho orgullo en las hazañas de los grandes aventureros del siglo XVI.

Hace cuatro siglos que salieron los jóvenes de Extremadura para el Nuevo Mundo, y hoy en día, salen para Madrid, Barcelona o para Alemania por la misma razón—la dificultad de ganar el pan. Pero ahora todo se mejora en esta

Durante la vendimia, este campesino descansa un momento para beber agua del botijo.

tierra dura, gracias a un sistema nuevo de riego. La producción agrícola se va creciendo, y es probable que la economía mejore también.

Las Castillas y Leon

Las dos provincias castellanas se encuentran en el centro geográfico de España. Se dice que el nombre se deriva de que, en la Edad Media, había muchos castillos fortificados a lo largo de las fronteras, construidos como defensas contra los moros. La parte del norte, liberada primero de los moros, se llama Castilla la Vieja. La parte del sur, liberada más tarde, se llama Castilla la Nueva. León era antiguamente un reino, pero desde el año 1230 ha pertenecido a la región castellana.

Castilla la Vieja es una región agrícola donde se cultivan cereales, legumbres y frutas. La zona de la Rioja produce unos excelentes vinos, muchos de los cuales se exportan al extranjero, incluyendo los Estados Unidos. En La Rioja también hay industrias de conservas vegetales. En Castilla la Vieja la ganadería es muy importante y como consecuencia existen grandes industrias de carne, de leche y de queso.

Castilla la Nueva se encuentra al sur entre Castilla la Vieja y Andalucía. Esta región ocupa casi enteramente la meseta central de la Península y el clima es bastante severo. Hace mucho frío y nieva mucho en el invièrno. Por contraste, en el verano hace mucho calor y llueve raramente. Se dice que en esta región hay seis meses de invierno y seis meses de infierno. No obstante, a causa de la altura, el aire seco es puro y saludable. La tierra es estéril y el cuido de la agricultura y la ganadería es difícil. La minería es importante. Además de las famosas minas de mercurio que se hallan en Almadén, hay otras de hierro y de plomo.

Así como las Castillas están en el centro geográfico, se encuentran también en el centro espiritual de España. Se llaman estas regiones con frecuencia el corazón de España. Es verdad que las Castillas han dominado a España históricamente así como también en la literatura y en el arte. Muchos famosos escritores y artistas nacieron en estas regiones, o por lo menos pasaron sus años productivos en Castilla.

León se encuentra al oeste de Castilla la Vieja. En el siglo XI, Fernando I de Castilla, el Grande, unió por primera

Vista de los Cuatro Postes de Avila (Castilla la Vieja) con las famosas murallas de la ciudad al fondo.

vez las coronas de las Castillas y León. La ciudad de León se convirtió en la capital de la España cristiana. Pero en 1085, Alfonso VI capturó la ciudad de Toledo, y en 1087 la hizo la capital. En el siglo XII León se separó de las Castillas, pero se reunieron por último en 1230 durante el reinado de Fernando III, el Santo.

capital: *Toledo era la capital hasta el reinado de Felipe II cuando éste fijó su capital en Madrid en el año 1591.*

Los habitantes de Castilla son algo diferentes a los de las otras regiones de España. El castellano es digno, honrado, cortés y tiene un sentido de lo dramático. Aun el

rústico más humilde es noble y, sin duda alguna, lo sabe. Los leoneses que viven en la parte del este de su provincia son bastante semejantes a los castellanos, pero los de la parte del oeste se asemejan más a los gallegos y a los asturianos.

rústico: *peasant*

El habitante de esta enorme región, sea castellano o leonés, es de carácter serio. Sin embargo, goza mucho de las fiestas y las ferias y sobre todo de las corridas de toros.

El valle y las montañas de Riaño (León) son un contraste a las grandes llanuras de la Meseta.

3 Unas ciudades de España

Casi cada ciudad de España es interesante. Como la gente, cada una tiene su propio carácter. Se ve la estampa de las civilizaciones variadas que han existido en España a lo largo de su historia.

Toledo

Se puede decir que Toledo es el escaparate de la historia de España. Es una de las ciudades más antiguas del país. Su fundación, es, por lo visto, un secreto perdido en el pasado. Se sabe que las espadas toledanas eran famosas antes de Jesucristo y se sabe también que Toledo era una ciudad durante la ocupación romana. Al expulsar a los romanos, los visigodos establecieron allí su capital. En el año 712, los moros ocuparon la ciudad y más tarde la hicieron su capital. Durante aquella época, los moros convirtieron a Toledo en un centro de cultura mora y hebraica. En el siglo XI, la Reconquista llegó a Toledo y en 1087, Alfonso VI de Castilla fijó allí su capital. Cinco siglos más tarde, en 1560, Felipe II cambió la capital del país a Madrid.

Toledo ocupa un sitio rodeado por tres lados del Río Tajo. La ciudad actual es un tesoro de vestigios de los

En su Vista de Toledo, *el Greco nos presenta con una escena casi actual de la ciudad que hoy es un verdadero tesoro nacional.*

tiempos antiguos, y hay muchos edificios interesantes. La gran catedral gótica, construida desde 1227 hasta 1493, es una de las joyas entre las catedrales del mundo. Es famosa por la sacristía, los retablos, las ventanas de vidrio de color y el magnífico coro. También es almacén de obras maestras del arte español. Además, se puede ver obras maestras de pintores extranjeros tales como Van Dyck, Ticiano, Tintoretto, Rubens y muchos otros.

retablo: *una serie de pinturas o esculturas religiosas o históricas*

vidrio de color: *stained glass. Se dice que hay más de setecientas ventanas de vidrio de color en esta catedral.*

En el siglo XVII, el gran pintor conocido por todo el mundo como el Greco, vivió y trabajó en Toledo. Inmortalizó la ciudad en una gran pintura que tituló *Vista de Toledo*. Otra de sus obras más célebres se encuentra en la parroquia de Santo Tomé, la magnífica pintura, *El entierro del Conde de Orgaz*. La casa hermosa en que vivió y trabajó el Greco es hoy en día un museo.

el Greco: *Así se conoce por todo el mundo Doménico Theotocopuli*

parroquia: *parish church*

La hermosa iglesia gótica, llamada San Juan de los Reyes, se construyó en el siglo XV. Después de ganar la batalla de Toro, que le aseguró a Isabel la corona de Castilla, Fernando e Isabel la hicieron construir para darle gracias a Dios. Con esta batalla se acabó la lucha entre Isabel y su sobrina para Castilla. Esta sobrina se llamaba Juana pero se conoce en la historia como la Beltraneja. San Juan de los Reyes es una de las iglesias más bonitas de España, y el claustro se considera como un ejemplo perfecto del estilo gótico florido.

Otro monumento importante es la iglesia de Santa María la Blanca. Antes del siglo XV, esta iglesia fue una sinagoga. En efecto, fue la «Gran Sinagoga» de Toledo antes de que San Vicente la convirtiera en una iglesia cristiana a principios del siglo XV. Para una sinagoga convertida en una iglesia cristiana, la arquitectura es curiosa porque es de puro estilo morisco. Se parece a una mezquita con sus muchos arcos y columnas cuyos capiteles son tan hermosos y tan interesantes.

a principios de: *at the beginning of*

capitel: *capital (top) of a column*

Como muchas otras ciudades españolas, Toledo tiene su Alcázar. Ha sido destruido y restaurado varias veces. Cerca de 1540, Carlos V lo hizo reconstruir completamente en el estilo del edificio actual. En la pintura del Greco, *Vista de Toledo*, aparece el Alcázar casi exactamente como se ve ahora, aunque se ha destruido varias veces desde los tiempos de este gran artista del siglo XVI. Se destruyó por última vez en 1936 durante la Guerra Civil (1936–1939).

Alcázar: *una palabra árabe que quiere decir «palacio real»*

Otro famoso cuadro del Greco, El entierro del Conde de Orgaz, *está en la iglesia de Santo Tomé (Toledo). Pintor de temas religiosos, el Greco nos muestra aquí que el alma del conde está subiendo al cielo.*

Por el verano de 1936 se comenzó la rebelión contra el gobierno republicano. Había en Toledo un contingente de rebeldes del que cierto coronel José Moscardó e Iriarte fue comandante. El coronel y sus soldados ocupaban el Alcázar. Los republicanos pusieron sitio al edificio el 21 de julio. Según lo que dicen, el jefe de los republicanos llamó por teléfono al coronel Moscardó para decirle que guardaba prisionero al hijo del coronel, un muchacho de 16 años, llamado Luis. Le dijo también que si el coronel no se rindiera, haría fusilar a su hijo. El jefe republicano le permitió al padre hablar con su hijo. Moscardó, al oír a su hijo decirle que sí, que le amenazaban con matarle, le dijo a Luis que encomendara a Dios su alma y que muriera como un héroe. El coronel se negó a rendir el Alcázar y el hijo fue fusilado. Al fin, después de una batalla que duró hasta el 28 de septiembre, cuando llegaron las tropas de Franco, el Alcázar quedó casi completamente destruido.

gobierno republicano: *La Segunda República se había establecido cuando Alfonso XIII, sin abdicar, abandonó el trono de España el 14 de abril de 1931*

pusieron sitio a: *laid siege to*

si . . . no se rindiera: *if he did not surrender*

haría fusilar a su hijo: *he would have his son shot*

amenazaban con: *were threatening to*

Franco: *Francisco Franco Bahamonde, jefe del gobierno de España desde el fin de la Guerra Civil hasta su muerte en 1975*

Se puede ver en la pared de una de las salas del Alcázar la historia de este acontecimiento en español y en varias otras lenguas. Pero hay muchos que creen que era una leyenda moderna usada por los franquistas como propaganda. Se cree también que el hijo del coronel vivió muchos años antes de morir en su propia cama. ¿Quién sabe?

franquistas: *followers of Franco*

Hay otro sitio en Toledo que no es edificio sino una plaza que es muy importante en la historia y en la literatura de España. Esta plaza se llama el Zocodover y durante la ocupación mora se usaba como plaza del mercado. Y todavía, se usa cada martes de esta manera. Se dice que Juana la Loca fue proclamada reina de Castilla en esta plaza. Aquí también durante la Inquisición, tuvieron lugar los «autos de fe». Es probable que Cervantes viviera y escribiera por algún tiempo en Toledo; es cierto que inmortalizó el Zocodover en sus novelas.

Zocodover: *la palabra árabe* zoco *quiere decir «mercado»*

Juana la Loca: *La hija de Fernando e Isabel y heredera de Isabel*

autos de fe: *la ceremonia del pronunciamiento de la sentencia y la ejecución de los heréticos*

Más allá del Río Tajo, hay un camino llamado la Carretera de Circunvalación que rodea la ciudad de Toledo. Desde un punto alto de esta carretera se ve el Alcázar y la magnífica catedral que se destacan sobre los tejados de la ciudad y que dan encanto a una de las magníficas vistas de este maravilloso lugar.

Sevilla

Otra ciudad que lleva la estampa de tiempos pasados es Sevilla. Se cree que fue una población ibérica, es decir, que se fundó antes de las invasiones fenicias. Durante la época romana, muchos romanos ricos vivían allí a causa del clima delicioso. Sin embargo, no quedan muchos vestigios romanos en la ciudad.

Sin duda alguna, la catedral es el monumento más sobresaliente de Sevilla. Esta magnífica catedral es el edificio más grande del mundo del estilo gótico. Fue construido en los siglos XV y XVI sobre el sitio de una gran mezquita islámica. De la mezquita no se queda más que el patio de naranjos y unas columnas perdidas en el vasto interior. Es una de las grandes iglesias del mundo, y contiene muchos objetos de arte y tesoros del pasado. Hay una tumba que, según dicen los españoles, es la de Cristóbal Colón, aunque muchos historiadores nos aseguran que los restos del gran descubridor están enterrados en la catedral de Santo Domingo en la República Dominicana.

Cristóbal Colón: *Christopher Columbus*

Se dice que el cabildo de los canónigos al proyectar la catedral, quería construir la iglesia más grande del mundo. Se reputan de haber dicho: «Alcemos un monumento que haga pensar a la posteridad sí estábamos locos». Al pasearse por la catedral y ver las grandes obras maestras artísticas, al oír el gran órgano, al encontrarse con las muchas capillas, al ver el gran coro con sus rejas finas, no hay duda alguna que los canónigos realizaron sus deseos de construir una catedral magnífica.

cabildo: *cathedral council*

órgano: *el órgano de esta catedral es uno de los mejores del mundo*

encontrarse con: *to come upon*

rejas: *iron gratings*

realizar: *to accomplish*

Al lado de la catedral se encuentra un monumento moro que caracteriza la ciudad. Es un minarete construido en 1197 y se destaca sobre la ciudad entera. Se llama este minarete moro «la Giralda», un nombre que no tiene nada que ver ni con los moros ni con su lengua. Se deriva el nombre de una estatua enorme por encima que representa la Fe. A pesar de su gran tamaño, esta estatua está balanceada tan perfectamente que la brisa más ligera la gira como una veleta o como una «giralda».

no tiene nada que ver ni con: *has nothing to do either with*

veleta: *weathervane*

Se cree que el gran arquitecto moro, Jabir, que diseñó la torre de la Kutubia de Marrakesh, diseñó también la Giralda. Las dos torres son muy semejantes. Por supuesto, después de construir su catedral, los sevillanos hicieron construir un campanario inmenso por encima de la torre. Este campanario contiene 22 campanas, y por encima de todo pusieron esta estatua que representa la Fe.

la Kutubia: *La Gran Mezquita de Marrakesh, la hermosa ciudad marrueca*

Página 40: *el sevillano, igual que todos los andaluces, es gran amigo de las flores. En el jardín del Palacio de las Dueñas puede descansar.*
Página 41: *Una de las más conocidas artistas del baile español, Lucero Tena. Aunque hay muchísimos bailes regionales, el flamenco de Andalucía—con influencia mora y judía—sigue siendo el más típico.*

Se puede subir a la parte superior por más de treinta rampas, y vale la pena. Al ver los tejados de la catedral, se comprende el tamaño y la forma de esta enorme iglesia. Se puede ver también el curioso patio de naranjos dentro de los muros de la catedral. Además, se ve la hermosa ciudad de Sevilla y, si está despejado el día, la llanura del Guadalquivir.

si está despejado el día: *if it's a clear day*

El Alcázar de Sevilla es un magnífico palacio moro que ha sido, de vez en cuando, la residencia predilecta de las familias reales. Pedro I, llamado el Cruel, pasaría allí su niñez. Al subir al trono, pasó mucho tiempo en Sevilla instalándose en el palacio. Los guías de Sevilla siempre le muestran al turista el dormitorio de don Pedro. Más tarde, Fernando e Isabel establecieron allí su residencia y se ve hoy día el Oratorio de los Reyes Católicos. Es probable que naciera en el Alcázar don Juan, su único hijo varón. Carlos V, el nieto de los Reyes Católicos, se casó en 1526 con Isabel de Portugal en el Alcázar. Nos dicen que Carlos se enamoró locamente de la linda princesa portuguesa a primera vista, y que nunca se enamoró de otra dama. Aunque murió su

Pedro I: *nació en Burgos en Castilla la Vieja*

pasaría: *probably spent*

hijo varón: *male child*

querida Isabel mucho antes que él, el emperador nunca se casó con otra mujer.

Hay grandes salas y patios en el Alcázar de Sevilla. La más famosa de las salas de este palacio es el Salón de Embajadores. Sus arcos de herradura soportados de las columnas de mármol lo hacen uno de los magníficos salones del mundo. Todo se encuentra rodeado de jardines hermosos y de murallas cubiertas de flores.

de herradura: *shaped like a horseshoe*

En la orilla del Guadalquivir, se encuentra otro monumento interesante, la Torre de Oro. Se construyó en el siglo XIII y es probable que hubiera un túnel desde el Alcázar hasta la Torre de Oro para que pudiera escaparse el rey moro en caso de que fuera necesario. Tres siglos después, en el siglo XVI, sirvió para recibir las riquezas del Nuevo Mundo durante el establecimiento del imperio colonial. Hoy es un museo.

Estas fotos nos muestran el contraste de las fiestas españoles. A la izquierda: una procesión de Semana Santa en Sevilla. Los pasos van lujosamente decorados, igual que los imágenes. La foto de abajo nos muestra la enorme alegría de las ferias sevillanas, celebradas en abril. Hay grandes corridas, y jinetes van montados en caballos andaluces. Hay flamenco hasta la madrugada.

Hay tantos edificios y monumentos interesantes e importantes en Sevilla que sería largo enumerarlos todos. Hay parques espaciosos y jardines hermosísimos. En casi toda cruce de calles principales, hay plazas con sus fuentes encantadoras. Hay calles estrechas y tortuosas, como la de las Sierpas, que, de veras, no es calle sino pasillo por el cual el viajero que visita Sevilla debe caminar a la caída de la noche. Y en el barrio de Santa Cruz, barrio antiguo de los judíos, cada callejuela le pica al viajero la imaginación. Este barrio tiene un ambiente romántico y todo huele a las muchas flores que se ven en las rejas y en los balcones.

barrio: *quarter (of a city)*
callejuela: *narrow street, side street, alley*

Pero el encanto verdadero de Sevilla es el de la gente. El sevillano es famoso por su ingenio y su alegría. En ninguna parte de España se celebran las fiestas religiosas con tanto esplendor como en Sevilla, sobre todo la de la Semana Santa. Se celebran también muchas ferias y corridas. La plaza de toros de Sevilla es una de las más importantes de toda España. La gente de pueblos cercanos que viene a Sevilla para celebrar estas ocasiones aún conserva los trajes pintorescos y las costumbres curiosas del pasado.

Granada

Otra ciudad andaluza de mucho interés es Granada, capital de la provincia del mismo nombre y un gran monumento de la civilización morisca. Uno de los castillos más conocidos de España es, por supuesto, la Alhambra, que se encuentra en una hermosa montadura encima de una colina fuera de la ciudad. Fue comenzada en 1248 y acabado en poco más de un siglo. A pesar de cambios ruinosos que hicieron varios reyes españoles, queda todavía una joya exquisita de la arquitectura morisca. El famoso escritor americano, Washington Irving, pasó allí un año, y como resultado de su estancia, tenemos los cuentos encantadores que él llamó *Tales of the Alhambra*.

montadura: *setting*

Sacromonte, el barrio de los gitanos granadinos es famoso por todo el mundo. Cada viajero que viene a la ciudad quiere visitar primero la Alhambra y luego las cuevas de Sacromonte. Son como conejeras, y cada familia agranda su cueva por excavaciones una tras otra al necesitar más habitaciones.

granadino: *of Granada*
conejera: *rabbit warren*
agrandar: *to enlarge*

Al llegar al barrio, es necesario cuidar muy bien el dinero porque los gitanos de Sacromonte tienen fama de ser ladrones sin vergüenza. Los chicos corren a encontrar a los visitantes para conducirlos a las cuevas de sus familias.

tienen fama de: *have the reputation of*
ladrones sin vergüenza: *shameless thieves*

Patio de los Leones, La Alhambra, Granada.

Entrarán en una gran sala que es la de la vida diaria y que sirve también de escena para las fiestas de noche. Toda la familia, incluyendo padres, tíos, hermanos, primos y algunas veces los abuelos los divertirán tocando la guitarra, cantando y bailando. Muchas de las cuevas están amuebladas cómodamente, y el viajero quedará sorprendido al ver las cosas ricas y lujosas.

La catedral de Granada, empezada en 1529, no es una de las catedrales destacadas de España. Pero hay una capilla contigua, la Capilla Real, que es excepcional. Contiene la tumba de los Reyes Católicos, Fernando e Isabel, y la de su hija, Juana la Loca y del esposo de ella, Felipe el Hermoso. Pocos soberanos europeos yacen en un sepulcro tan espléndido. Y es justo que se guarden aquí en Granada los restos de Fernando e Isabel porque acabaron allí la Reconquista al derrotar, al fin, a Boabdil, el último califa moro.

En un llano cerca de la ciudad de Granada, los Reyes Católicos recibieron las llaves de la Alhambra de Boabdil. Se dice que huyó éste llorando por haber perdido su magnífico castillo rojo. Su madre le acompañaba, y ella le reprochó diciéndole: «Lloras como mujer lo que no supiste defender como hombre».

Córdoba

Muy conocida por su herencia mora es la ciudad de Córdoba. Sin embargo, esta ciudad andaluza fue la capital de la provincia romana de la Bética. Sabemos que en aquellos tiempos fue un centro de cultura, porque fue en Córdoba que Séneca, el gran dramaturgo y filósofo, fue educado.

Bética: *la región actual de Andalucía*

Pero fue Abderramán III, el más gran califa del califato de Córdoba, que elevó la ciudad capital, llamada también Córdoba, a su apogeo. Fue Abderramán que construyó el gran palacio de Medina-Zahara. Se cree que era el palacio

apogeo: *apogee, culmination*

La Mezquita de Córdoba con sus arcos de herradura (horseshoe) *en blanco y rojo.*

más lujoso del mundo. Hay cuentos de salones ricos llenos de alfombras, de tapices, de porcelanas, y de suelos de mármol. Hay también historias de fuentes de agua perfumada y fuentes de mercurio. Se lo puede visitar todavía, pero todo aquel esplendor queda hoy en ruinas. Abderramán también era famoso por su tolerancia, porque les permitió practicar su propia religión a los cristianos y a los judíos.

Hoy, Córdoba es el centro de una región agrícola, y hay, además, gran producción de los artículos tradicionales de cuero, de plata y de oro.

Sin embargo, la ciudad es famosa principalmente por la gran Mezquita erigida por los moros en el siglo VIII sobre una iglesia cristiana. Es un edificio enorme que, por fuera, no tiene distinción alguna a excepción de su tamaño. Pero cuando se entra en el edificio, se maravilla al ver el laberinto de 850 columnas que sostienen arcos de varios colores. Parece que uno está, a primera vista, en una tierra de hadas. Hay un mihrab exquisito que es ejemplo espléndido del decorativo moro.

tierra de hadas: *fairyland*
mihrab: *prayer niche in a mosque*

En el siglo XIII, cuando San Fernando capturó Córdoba, se hicieron los cambios necesarios para celebrar servicios cristianos. Pero no desordenaron la perfección atística de la Mezquita. Por desgracia, en el siglo XVI, se construyó una nave gótica que es más alta que el edificio original. Aunque Carlos V autorizó a los canónigos que construyeran el crucero dentro de la Mezquita, cuando lo vio, los reprochó por haber destruido lo que no existía en ninguna otra parte para construir lo que se podía ver por todas partes. El coro se considera uno de los mejores de España, y los púlpitos son hermosísimos. Pero nunca podrán reparar la pérdida de una joya del arte musulmán.

San Fernando: *Fernando III, el rey cristiano que avanzó mucho la Reconquista*
crucero: *transept*

Se debe salir del interior al patio de naranjos rodeado de muros y arcadas. En una esquina se ve la torre que es campanario. El minarete original de la Mezquita se destruyó y lo reemplazaron por la torre actual. De veras, la gran Mezquita de Córdoba es una mezcla curiosa y magnífica de lo islámico y lo cristiano.

Otra reliquia mora es una gran rueda hidráulica en la orilla del Guadalquivir. Muy cerca se ve como reliquia de la ocupación romana, un puente antiguo que atraviesa el mismo río.

rueda: *Depués de muchos siglos, esta reliquia se cayó víctima del tiempo.*

Muchos hombres eminentes nacieron en Córdoba. Lucio Anneo Séneca, nació allí tres siglos antes de J.C. Más

antes de J.C.: *before Christ i.e., B.C.*

El famoso torero, Manuel Benítez, «el Cordobés».

tarde, en el siglo XII, nacieron en Córdoba dos grandes filósofos: Maimónides, el gran médico judío, en 1135, y Averroes, uno de los filósofos moros más eminentes, en 1126. Por contraste, en el siglo XX, nació allí Manolete, un gran matador de toros. Más tarde, otro matador famoso, Manuel Benítez, conocido como el Cordobés, nació en esta ciudad. El Cordobés, de familia muy pobre, llegó a ser el matador más popular de España.

Manolete: *sobrenombre de Manuel Rodriguez. Nació en 1917 y murió en la plaza de toros de Linares en 1947.*
el Cordobés: *nació en 1936*

La gente cordobesa tiene mucho orgullo en su herencia antigua y tiene mucho placer en conducir al extranjero por todas partes de su ciudad hermosa. Los cordobeses viven serenos, decorosos y contentos. En un país conocido por la cortesía y por la generosidad, el cordobés será el más cortés y el más hospitalario de todos los españoles.

hospitalario: *hospitable*

Avila

De la España morisca, vamos a la ciudad castellana de Avila. Está situada a poca distancia al noroeste de Madrid en un llano seco, roqueño y sin árboles. Esta ciudad es famosa por sus murallas antiguas que quedan todavía casi intactas. Sus murallas almenadas se construyeron en el siglo XI y parecen todavía una realización extraordinaria de la ingeniería. En cuanto a las estadísticas, las murallas forman un rectángulo cuyo perímetro alrededor de la ciudad tiene casi 3 kilómetros. Las murallas de Avila, con sus 88 torres y sus 9 puertas, son magníficas, y se consideran las mejores fortificaciones medievales de Europa.

almenado: *merloned, having merlons or battlements*
realización: *achievement*

Pero dentro de las murallas se encuentra la ciudad donde nació Santa Teresa de Jesús, la gran mística de España. Teresa de Cepeda nació en 1515 y murió en 1582, pero la ciudad de Avila pertenece todavía a «la Santa». Por todas partes de su ciudad natal, se hallan recuerdos de ella. La iglesia de Santa Teresa con el convento es el monumento más importante de todos. Construida sobre la casa donde nació Teresa, es barroca y, según algunos, muy fea. Por dentro, hay una capilla con una estatua de la Santa que está en el sitio exacto del cuarto donde nació ella. Ni la capilla ni la estatua son de valor artístico.

El ambiente de «la ciudad de la Santa» es muy sombrío y es dudoso que la Santa apreciara los monumentos que la honran. Al salir de la ciudad, se siente uno que ha asistido a una misa en un enorme convento, porque todo es solemne y serio. Y el viajero se pregunta, ¿por qué? Teresa de

Detalle de una de las puertas en las murallas que rodean la ciudad medieval de Avila.

Cepeda fue de disposición alegre y fue una mujer muy viva, animada y muy lista. Se dice que muchas veces ella divertía a las otras monjas bailando y cantando.

Una leyenda dice que, después de un día especialmente penoso, ella oyó la voz de Jesús que le decía: «Así yo trato a mis amigos». Ella replicó: «¡Por eso, Tú no tienes muchos amigos!» Se dice que más de una vez ella exclamó «¡Que me libre Dios de santos malhumorados!» Tal persona no podría haber querido que se celebrara su memoria de cara sombría.

penoso: *difficult*
replicar: *to retort*

Además de los muchos monumentos dedicados a Santa Teresa, hay otras iglesias. Un convento de interés especial es el de Santo Tomás. Es famoso por el retablo mayor que es obra maestra de Berruguete, y se la considera la obra artística más importante del convento. Pero hay otra obra magnífica y conmovedora. Es la tumba del joven príncipe, don Juan de Castilla, hijo y heredero de Fernando e Isabel. Fue educado en el convento y cuando murió a los 19 años, le enterraron allí. Aunque se había casado con Margarita, princesa linda y lista de Portugal, murió sin haber tenido hijos. Así, no yacen en esta tumba solamente los restos del príncipe, sino también las esperanzas y los sueños de los Reyes Católicos por el futuro de España. La muerte de este príncipe de Castilla cambió sin duda el curso de la historia de España y quizás de todo el mundo. A causa de este acontecimiento trágico, Isabel nombró a su hija, Juana la Loca, heredera del trono. Por la locura de Juana, su esposo, Felipe el Hermoso de Austria, se hizo el primer rey hapsburgo de España. El hijo de Juana y Felipe llegó a ser Carlos I de España y Carlos V del Sacro Imperio Romano. Si don Juan no hubiera muerto . . . ¿Quién sabe?

Berruguete: *escultor español que murió en Avila en 1504*

Segovia

No muy lejos de Avila, está Segovia, otra ciudad antigua, donde se puede visitar dos de los monumentos más conocidos de España: el Alcázar y el acueducto romano.

El Alcázar de Segovia es uno de los monumentos más importantes de España. Al español, es un símbolo de la grandeza de la patria. Comenzaron la construcción en el siglo XI, y Alfonso X, llamado el Sabio, estableció allí su residencia. Este rey erudito llegó a creer que el sol no giraba alrededor de la tierra, sino que la tierra giraba alrededor del sol. Por desgracia, anunció su teoría nueva poco antes de comenzar una tronada durante la cual un relámpago cayó en el castillo

Alfonso X: *n. 1252-m. 1284*
tronada: *thunderstorm*

El Alcázar domina Segovia.

y le pegó fuego. Esto se vio como un castigo divino por la «herejía» del rey.

un relámpago . . . fuego: *a bolt of lightning struck the castle and set it on fire*

El Alcázar fue el domicilio también de la princesa Isabel. Ella fue hermanastra de Enrique IV de Trastamara. Este murió en Madrid el 10 de diciembre de 1474. Segovia está a una distancia de 65 kilómetros de Madrid, e Isabel no recibió las noticias hasta el 12 de diciembre. Ya que Enrique murió sin hijos legítimos, ella fue heredera del trono de Castilla. Después de una misa por el alma de su hermanastro, comenzaron los preparativos para la coronación. El día siguiente, el 13 de diciembre de 1474, Isabel de Trastamara

hermanastra: *half sister*

ya que: *since*

fue coronada reina de Castilla y de León en la Plaza Mayor en medio de los aplausos y de las «vivas» de la gente segoviana.

Casi un siglo después, su bisnieto, Felipe II, se casó con su cuarta esposa, Ana de Austria, en el Alcázar. Este rey hizo restaurar el castillo y se cree que Juan de Herrera fue el arquitecto. En 1862, hubo un fuego desastroso que destruyó completamente el interior del edificio. El trabajo de la reconstrucción se acabó en 1890 y el Alcázar, que se compara con la proa de un gran buque, quedó como lo vemos hoy.

bisnieto: *great-grandson*

hizo . . . castillo: *had the castle restored*

La Granja de Segovia fue construido según las líneas francesas de la época.

El acueducto fue construido por los romanos hace casi 20 siglos y es el más importante de todos los vestigios romanos de España. Se usa todavía para llevar el agua desde las colinas cercanas hasta la ciudad. El centro de la estructura se alza sobre la Plaza de Azoguejo hasta casi 29 metros de altura. En la plaza hay muchos restaurantes, cafés y tabernas, y los segovianos dicen: «Por arriba, corre el agua; por debajo, el vino.»

El acueducto se construyó de grandes bloques de granito extraídos de la Sierra de Guadarrama, y al construirlo, los romanos no usaron argamasa. Parece mentira que tal estructura pudiera durar por tantos siglos.

argamasa: *mortar*
parece mentira: *it seems incredible*

No podemos salir de esta ciudad antigua e interesante sin mencionar la gran catedral. Fue el último edificio del puro estilo gótico construido en España. Esta catedral no es tan grande como la enorme catedral de Sevilla, ni es tan grande como la de Toledo. Pero es una de las catedrales más bellas de España. La torre, que es muy alta, es una de las más finas de Europa. Está situada en la Plaza Mayor, el punto más alto de la ciudad. Esta catedral del siglo XVI es el monumento más moderno de Segovia.

León

Se sabe que la ciudad de León existió durante el período romano, porque las legiones romanas fueron alojadas allí. Fue capital del reino de León hasta 1230 cuando las coronas de Castilla y León se unieron bajo Fernando III, el Santo.

alojadas: *quartered*

Esta ciudad está a 850 metros sobre el nivel del mar. Si está despejado el día, se pueden ver en la distancia los picos cantábricos. León es una ciudad que se ve en dos partes distintas: la vieja y la nueva. Hay muchos monumentos históricos en la parte vieja. Muchos de ellos tienen gran valor artístico.

850 metros: *2800 feet*

El monumento destacado de esta parte de la ciudad es la magnífica catedral gótica comenzada en el año 1205 y construida en forma de cruz romana. Es una de las joyas entre las muchas catedrales góticas de Europa. Las dimensiones son impresionantes y vale la pena mencionarlas. Tiene casi 300 pies de largo, más de 230 pies de ancho y 225 pies de alto. La hermosura increíble de las vidrieras pintadas es la gloria de esta enorme catedral. Alguien ha dicho que las columnas delgadas que soportan los muros sólo sirven para poner marco a las vidrieras.

vidrieras pintadas: *stained glass windows*
poner marco a: *to frame*

Al construir el acueducto de Segovia hace 2.000 años, los romanos no usaron argamasa.

Otro monumento de gran importancia es la Basílica de San Isidoro. San Isidoro nació en Sevilla en 570 y fue de una familia muy especial. De los cuatro hijos que hubo, todos llegaron a ser santos. Muchos historiadores españoles consideran que San Isidoro fue uno de los hombres más importantes durante el período visigodo en España. No fue solamente Arzobispo de Sevilla, sino que fue también gran escritor. Sus últimas palabras, dichas en la iglesia fueron: «Guardad la caridad entre vosotros, no devolváis mal por mal; no sembréis la cizaña en el pueblo». Se murió en el año 636. Cuatro siglos más tarde, construyeron sobre las ruinas de un templo leonés antiguo la Basílica como mausoleo para los restos del santo sevillano. El Panteón es del primitivo estilo románico. Las bóvedas están cubiertas de pinturas magníficas que inspiraron a que alguien llamara el Panteón «la Capilla Sixtina del arte románico». Aparentemente no se sabe el nombre del artista que decoró el mausoleo. Es lástima porque es una obra maestra del arte religioso.

Guardad . . . pueblo: *Keep charity among you; do not return evil for evil, and do not plant the seeds of discord among the people.*

Además de la catedral y la Basílica de San Isidoro, hay otro monumento importante. Durante la época cuando Santiago de Compostela rivalizaba Roma como lugar de perigrinaje cristiano, el Convento de San Marcos se hizo uno de los hospicios para los «Caballeros de Santiago». Al restaurar el convento, han conservado lo artístico del edificio. Por ejemplo, la hermosa fachada plateresca ya queda en muy buenas condiciones. Este monumento de la Edad Media ya se ha convertido en un maravilloso hotel de lujo. En su libro, *Iberia*, James Michener lo caracterizó como «quizás el hotel más fino de Europa».

También en el barrio viejo se encuentran los restos de las murallas medievales. Quedan varios fragmentos y se ven, por lo general, en buenas condiciones. Estas murallas son distintas a las de otras ciudades españolas en que las bastiones están más cerca las unas a las otras.

Hay muchos monumentos importantes, tales como la iglesia románica que se llama Santa María del Mercado, el palacio de los condes de Luna, el de los Guzmán y varios otros.

Al lado del barrio viejo se encuentra la ciudad nueva donde se ven muchas plazas y glorietas bonitas, avenidas anchas y edificios modernos. El edificio más distinguido de este barrio es la Casa de Botines, obra del famoso arquitecto barcelonés, Antonio Gaudí y Cornet.

La impresionante catedral gótica de León.

ALFONSVS DVM PVGNAT CRVX TVA CHRISTE TRIVMPHAT ALMA TVI PARITER FILIA SPONSA PA

León posee grandes tesoros artísticos e históricos. También es un centro de comercio e industria. Se puede justificar el orgullo que sienten los leoneses hacia su ciudad. Ellos tienen también la cortesía tradicional del español; son bondadosos y dispuestos a dar la bienvenida a cualquier visitante.

Burgos

En el norte de Castilla, se encuentra la ciudad fría y austera de Burgos, capital actual de la provincia de Burgos. En tiempos pasados, fue la capital de Castilla. Es una ciudad muy importante en la historia y en la cultura de España. Nos dicen que se habla el castellano más puro del mundo de habla española porque nació allí la lengua.

el mundo de habla española: *the Spanish-speaking world*

En el siglo XI, nació Rodrigo Díaz, el héroe nacional de España, en la pequeña aldea cercana de Vivar, y se le conoce por lo general como el Cid. Entre las estatuas que se ven en Burgos hay una enorme de este gran héroe que se considera el prototipo del caballero español de la Edad Media.

cercana: *nearby*

el Cid: *se deriva de* Sidi, *palabra árabe que quiere decir* my lord

Al cruzar el puente sobre el Río Arlanzón con rumbo a la catedral, se encuentra el Arco de Santa María. Este arco curioso, que guarda la plaza de la catedral, se construyó con motivo de una visita de Carlos V a la ciudad.

De importancia histórica es el Monasterio Real de las Huelgas construido en los siglos XII y XIII. Fue convento, iglesia, palacio y panteón real de Castilla. Se dice que Pedro el Cruel nació en un torreón del palacio. Este torreón sería construido por Alfonso XI que fue coronado en las Huelgas.

sería construido: *was probably built*

La iglesia de las Huelgas es una mezcla curiosa de lo mudéjar y lo gótico. La mayor parte es del estilo gótico, pero hay varias capillas mudéjares.

Dentro del palacio, hay uno de los museos más raros de España. Después de la Guerra Civil, se abrieron muchas de las tumbas del Panteón. Los trajes en que se enterraron los monarcas de Castilla se quedaron en estado casi perfecto. Los sacaron de los ataúdes y se pueden ver estos trajes, labrados en telas medievales, guardados en vitrinas en este museo maravilloso.

tela: *fabric*

vitrina: *glass showcase*

Otro monasterio importante es la Cartuja de Miraflores. Sobre la portada se ve una Piedad conmovedora. La nave de la iglesia con el gran retablo y el coro de los monjes son obras maestras del arte español. En este monasterio se guarda una estatua maravillosa, obra de Manuel Pereira, de San Bruno, el fundador de la Orden Cartujana. El monasterio está rodeado por jardines de flores preciosas.

Piedad: *Pietá, estatua o pintura que representa la aflicción de la Virgen ante el cuerpo de su Hijo muerto al pie de la Cruz*

Manuel Pereira: *escultor portugués del siglo XVII*

El Monasterio de las Huelgas en Burgos es, a la vez, un museo con tapices, libros y manuscritos antiguos y trajes reales de la Edad Media.

Hay otra iglesia que todo viajero debe visitar. Está situada sobre una colina muy cerca de la catedral. Es la pequeña iglesia encantadora de San Nicolás. Construida en el siglo XV, esta iglesia, renombrada por la hermosura del exterior, tiene un retablo del altar mayor muy famoso. Labrado en piedra, este retablo es uno de los más bellos de España.

Pero la gloria y el orgullo de Burgos es su gran catedral gótica donde Fernando III colocó la primera piedra en 1221. Se continuó el trabajo durante tres siglos. Se ha descrito la Catedral de Santa María de Burgos como «encaje labrado en piedra», y es la descripción perfecta, sobre todo de las torres exquisitas.

colocó . . . piedra: *laid the cornerstone*
encaje . . . piedra: *lace carved in stone*

Por dentro, la catedral es un verdadero museo de obras maestras. Entre muchas pinturas importantes, está *La Magdalena* de Leonardo da Vinci.

verdadero: *veritable, real*

También es famosa la llamada escalera de la coronería. Las balaustradas son de hierro dorado. Se dice que la gran escalera de la Opera de París es una copia casi exacta de la de la catedral de Burgos.

Además de los tesoros artísticos, hay unas curiosidades en la catedral. Entre ellas, se halla un recuerdo del Cid. En cierta ocasión, al Campeador le faltó dinero para comprarles provisiones a sus soldados. Llevó un cofre lleno de arena a dos prestamistas y les pidió dinero diciéndoles que el cofre estaba lleno de oro. Aunque el cofre estaba cerrado y el Cid guardó la llave, los prestamistas no le pidieron nada más que su palabra, y le prestaron el dinero. Después de dos años, regresó el héroe y pagó la deuda. Hay algunos que dudan la autenticidad del cofre que se puede ver en Burgos.

En 1921, se trasladaron los restos del Cid y de doña Jimena, su esposa, del monasterio de San Pedro de Cardena a la catedral de Burgos. Los colocaron bajo un bloque de mármol con un epitafio sencillo escrito en la piedra. Se puede ver todavía en Cardena el hermoso sepulcro donde yacieron antes el héroe y su esposa. Fue en este mismo monasterio que el Cid tuvo que despedirse de doña Jimena y de sus dos hijas.

Además de los monumentos, el viajero que visita esta ciudad encontrará a una gente amable, cortés y hospitalaria. Los burgaleses tienen mucho orgullo en su historia y en su cultura, y les dará mucho placer mostrarle a cualquier extranjero la ciudad maravillosa que es su «patria chica».

La Cartuja de Miraflores (Burgos) conserva estas reliquias de monarcas españoles.

Santiago de Compostela

La antigua capital de Galicia es la ciudad encantadora de Santiago de Compostela. Casi cada mañana de verano llueve un poco—una lluvia suave que refresca el aire. Después, aparece en el cielo azul un sol brillante. ¡Qué clima tan delicioso!

Santiago no es una ciudad muy grande, y se puede caminar de pie por casi la ciudad entera. Las calles son estrechas y muy interesantes. En tiempos de la guerra de Independencia, cuando las tropas francesas ocuparon España, muchas familias nobles huyeron a Galicia. Se ve todavía en Santiago, sobre las puertas de muchas casas antiguas, los blasones de algunas de las grandes familias de España.

Hay un parque grande que se llama la Herradura. Todos los santiagueses gozan de los paseos y de los jardines de este parque hermoso. El ancho paseo principal tiene la forma de una herradura de lo que se deriva el nombre. Al pasearse por el parque en la noche, se encuentra a casi todos los habitantes de la ciudad. Hay familias, novios, hombres solos y matrimonios viejos caminando lentamente y charlando. Se puede sentarse en un banco para mirar las luces de la ciudad que se van encendiendo una a una, así reemplazando la luz del día. Y cuando la fachada de la catedral, de repente, está iluminada, es la hora de regresar al hotel para cenar.

santiagués: *habitante de Santiago*

matrimonios: *married couples*

se van . . . a una: *are turned on one by one*

Se encuentra en Santiago una de las plazas más finas de España. Se llama la plaza del Obradoiro o del Hospital. No hay más que cuatro edificios pero ¡qué edificios más distinguidos! El más modesto es el colegio de San Jerónimo, que tiene una portada muy fina. Este colegio, primero una escuela para los pobres, fue fundado en 1501. Los otros tres edificios son el Palacio de Rajoy, la gran catedral y el Hostal de los Reyes Católicos.

Construido en el siglo XVIII, el palacio de Rajoy es del estilo neoclásico. Por encima, hay una estatua de Santiago, Matamoros, con la espada levantada y montado en su caballo blanco. Hoy este palacio es el ayuntamiento de Santiago.

El monumento más importante de esta hermosa plaza y de Santiago es, por supuesto, la catedral gótica. La fachada principal, llamada el Obradoiro, es famosa por sus magníficas torres barrocas. Se cree que los restos de Santiago, Apóstol, que vino a España para enseñar la doctrina del cristianismo, están enterrados en esta catedral. Se comenzó la construcción en el siglo XI, y desde hace muchos siglos

Matamoros: *one who kills Moors*

ayuntamiento: *city hall*

Santiago: *Saint James, the Apostle*

Detalle del Pórtico de la Gloria a la entrada de la catedral de Santiago.

numerosos peregrinos visitan cada año la tumba del santo patrón de España.

Una de las obras maestras de la escultura se puede ver en esta catedral. Es el Pórtico de la Gloria. Se ve en este pórtico retratos en piedra de Santiago, de los Apóstoles, de los profetas y de Jesús. Además, hay ángeles y otras figuras de menos importancia. Lo curioso es que, a diferencia de la mayor parte de las estatuas religiosas españolas, las caras que se ven aquí aparecen contentas y aun sonrientes.

Cuando los Reyes Católicos hicieron una peregrinación a Santiago, hallaron que los peregrinos que vinieron a la ciudad no tuvieron ningún amparo, y se acostaban en la

peregrinación: *pilgrimage*

amparo: *shelter*

catedral. Por eso, los Reyes hicieron construir el hospital y posada, la gran fundación que es el actual Hostal de los Reyes Católicos. Este hotel es el cuarto edificio de la gran plaza del Obradoiro. Está amueblado con copias de antigüedades españolas y es un hotel elegante. En el comedor se sirven comidas sabrosas y el servicio es excelente y discreto. En esta pequeña ciudad de Galicia, el turista o el peregrino puede hospedarse en uno de los mejores hoteles de Europa. Si llega el peregrino caminando, tendrá el privilegio de refugiarse en uno de los dormitorios del Hostal, y podrá pasar tres días allí sin pagar dinero alguno.

En la catedral está el sepulcro de Santiago, santo patrón de España.

Zamora

Situada en las orillas del Río Duero, se encuentra «la más leal y noble ciudad de Zamora», que así la llamó Enrique IV. Se encuentra a unos 65 kilómetros de Salamanca, sobre una escarpa que se levanta por encima del río. No se sabe cuando la ciudad fue fundada, pero sabemos que los romanos la invadieron. Hay unos historiadores que creen que ya había un pueblo allí durante el período ibérico.

Durante la Edad Media, Zamora jugó un papel histórico importante. Antes de morir en 1065, Fernando I dividió su reino entre sus tres hijos, Sancho, Alfonso y García. Sancho recibió Castilla, Alfonso, León, y García, Galicia, y cada uno recibió otras provincias que Fernando había conquistado durante sus campañas contra los moros. Doña Urraca, la única hija de Fernando I, recibió la provincia de Zamora y se estableció en la capital. Sancho era codicioso y quería hacerse rey de toda España. En la batalla para la ciudad de Zamora, se murió afuera de las murallas cuando puso sitio a la ciudad. Rodrigo Díaz de Vivar, el Cid, era hijo adoptivo del rey, y por supuesto, hermano de lecho de doña Urraca. Rodrigo le echó a Alfonso la culpa de la muerte de Sancho. De sus tres hermanos de lecho, parece que Sancho era el favorito de Rodrigo. Este insistió en que Alfonso prestara juramento frente al altar en la catedral de Burgos, que en aquellos tiempos era la capital de la región de Castilla y León. A causa del insulto, Alfonso desterró a Rodrigo, aunque prestara juramento. Luego Rodrigo salió de Castilla y comenzó sus campañas contra los moros.

jugó un papel: *played a part*

hermano de lecho: *foster brother*

En la ciudad hay monumentos que recuerdan a doña Urraca y al Cid. En un fragmento de las murallas antiguas se encuentra la «puerta de doña Urraca». Hay una casa que, según los zamoranos, fue la residencia del Cid. Hay también monumentos de importancia histórica o artística, muchos de los cuales se encuentran en la parte antigua de la ciudad. Entre ellos, la catedral será la más importante. Es románica, pero tiene una cúpula bizantina. La catedral contiene también un museo donde se encuentran muchas obras de arte. Hay una colección de tapices magníficos, donada por el sexto conde de Alba y Aliste. Hay otras cuantas iglesias, ejemplares excelentes del románico puro. Se construyeron muchas de ellas durante los siglos XI y XII. Además de las muchas iglesias de la Edad Media, el palacio de los condes de Alba y Aliste hoy es un parador nacional, amueblado con hermosísimas antigüedades.

será . . . importante: *is probably the most important*

Vestigio de la España medieval es la Puerta de Doña Urraca. Ella fue hermana de lecho del Cid.

Los zamoranos sienten mucho orgullo de su ciudad, de los muchos monumentos interesantes y también del papel que esta pequeña cuidad jugó en la historia de España. Al encontrarse con extranjeros que visitan Zamora, les gusta mucho relatar los muchos acontecimientos importantes tanto en la historia de su ciudad y de su provincia como en la historia de toda España.

Valencia

Una de las ciudades más importantes de España se encuentra en la costa mediterránea. Es la ciudad de Valencia, capital de la provincia del mismo nombre. Fundada por los griegos hace más de 2.000 años, Valencia sufrió las invasiones de los romanos, de los visigodos y de los moros.

Durante la Reconquista, el Cid derrotó a los moros y capturó la ciudad en 1094. Dos años después de la muerte del Cid en 1099, los moros volvieron a capturar la ciudad, y Valencia se quedó islámica hasta 1238. Nueve siglos después de la muerte del héroe, mucha gente la llama todavía la «Valencia del Cid».

Hasta el final del siglo XIX, estaba rodeada la ciudad de murallas antiguas, pero no se conservan hoy más que dos de las puertas fortificadas, la de Serranos y la de las Torres de Cuarte. Se han construido en el sitio de las murallas grandes avenidas que actualmente rodean la ciudad.

Entre los varios monumentos antiguos que debemos mencionar, se encuentra la Lonja de Seda, en la plaza del Mercado. Construida por orden de los sederos de Valencia, la construcción empezó en 1485 y terminó en 1500. Es uno de los mejores ejemplos de los monumentos góticos del siglo XV. En el gran salón muchas altas columnas retorcidas soportan las bóvedas del techo.

sederos: *silk merchants*

columnas retorcidas: *spiral columns*

bóveda: *arch*

La catedral, construida en el siglo XIII, tiene un campanario llamado el Migalet, que es un monumento destacado. Esta torre es el símbolo de la ciudad y es el monumento predilecto de la gente. En la catedral el turista verá el «Santo Cáliz» que, como dirán los valencianos, es el verdadero Santo Grial usado por Jesucristo en la Ultima Cena.

Santo Grial: *Holy Grail*

Sentado en una de las galerías de esta misma catedral, se encuentra una vez a la semana uno de los tribunales más respetados de España. Aquí se administra la justicia sin abogados y de una manera sencilla, inmediata y sin recurso. Es el famoso Tribunal de las Aguas que, desde el siglo XIV, se

sin recurso: *without appeal*

Tribunal de las Aguas: *Water Court*

En las fiestas regionales todos se visten con sus trajes típicos. Estos muchachos están esperando las fiestas valencianas.

Corte de

reúne cada jueves para decidir las cuestiones relacionadas con el sistema del riego. Desde hace muchos siglos, este sistema construido por los moros, riega los campos de la huerta.

sistema de riego: *Sin este sistema de riego, esta provincia sería un desierto.*

Hay otros edificios y monumentos que deben ser vistos en Valencia. En el convento de Carmen hay un museo de arte que es uno de los mejores de España. La universidad, fundada en el siglo XV, tiene una biblioteca de gran valor. La torre de Santa Catalina en la plaza de la Reina es una torre hermosísima. Como la ciudad es el centro de la huerta, hay un magnífico jardín botánico. Además, como cada ciudad y pueblo de España, Valencia tiene una plaza de toros donde caben cerca de 18.000 aficionados.

Hoy día, Valencia es un centro importante de comercio e industria. Los productos que se fabrican en esta ciudad son azulejos, tejidos, sombreros, cristal, etcétera. Hay también gran comercio en los productos agrícolas de la huerta: arroz, naranjas, almendras, azafrán y conservas de frutas y de legumbres. La exportación de muchos productos es importante para la economía. El puerto de Valencia se llama el Grao y está situado a 4 kilómetros de la ciudad.

exportación: *se dice que más de 5.000 buques entran en este puerto por año*

El turismo es muy importante también para la economía de la ciudad. Cada año muchos turistas la visitan y vuelven año tras año. Con sus playas bonitas, su sol y poca lluvia, la «Valencia del Cid» le ofrece al turista un lugar bonito, cómodo, histórico e interesante.

Barcelona

Siguiendo directamente la costa mediterránea de Valencia hacia el nordeste, el viajero llegará a Barcelona. Con unos dos millones de habitantes, es una ciudad moderna y cosmopolita. Es también el puerto principal de España. Se cree que un cartaginés, Amílcar Barca, fundó la ciudad en el siglo III antes de J. C., y la llamó Barcino.

Amílcar Barca: *General cartaginés, Nació, cerca de 270 a. de J.C. Fue el padre de Anibal.*

Como en muchas otras ciudades españoles, se pueden ver en Barcelona edificios y monumentos que son reliquias del pasado. Las Ramblas, la calle principal de la sección antigua de la ciudad, deriva su nombre de la rambla que sigue. Tiene varias secciones, cada una con su propio nombre, por ejemplo: la Rambla de Estudiantes, la Rambla de Cataluña, etcétera. Es un bulevar ancho con muchos árboles y una alameda por el centro para peatones. Por este paseo se hallan puestos y quioscos donde se pueden comprar libros,

rambla: *un cauce seco*

peatón: *persona que anda*

quiosco: *puesto de periódicos*

Valencia, vista desde el Migalet. Se ven los característicos tejados (rooftops) *de España.*

revistas y periódicos españoles y extranjeros. Hay puestos de pájaros y de flores y los dueños de los puestos de flores parecen rivalizarse en arreglar todas las flores de una manera artística.

Al caminar por las Ramblas con rumbo al Puerto de la Paz, se encuentra a la izquierda la mayor parte de los monumentos antiguos de la ciudad. La catedral, que data del

con . . . puerto: *in the direction of the port*

A la derecha: *El arquitecto catalán, Gaudí, fue innovador. He aquí uno de sus edificios, La Pedrera* (quarry), *en Barcelona.*

Vista del Paseo de Gracia. Esta avenida ancha comienza en la Plaza de Cataluña y termina en la Avenida Generalíssimo Franco.

siglo XIII, es un buen ejemplo del estilo gótico. Como muchas catedrales de España, se queda muy oscura su interior.

Al entrar en la catedral, se puede ver un recuerdo de Cristóbal Colón. Los Reyes Católicos recibieron en Barcelona al gran descubridor al regresar de su primer viaje al Nuevo Mundo. Trajo consigo varios «indios» para «probar» que había descubierto la ruta a las Indias. Cuando Isabel la Católica vio a aquellos paganos, mandó bautizarlos sin dilación. Los llevaron inmediatamente a la catedral y los bautizaron. Los barceloneses afirman que la pila donde esto tuvo lugar es la misma que se ve todavía cerca de la portada principal de la catedral.

Debe mencionarse el Gran Teatro de Liceo, la sala de ópera, porque a los barceloneses les gusta mucho la música. La función de la noche de estreno de la temporada es una ocasión muy ceremoniosa, y para asistir a esta función,

sin dilación: *without delay*

pila: *baptismal font*

noche de estreno: *opening night*

la temporada: *season, as of opera or football or baseball*

aunque se tenga asientos en la galería más alta del teatro, es necesario llevar traje de etiqueta. El teatro de Liceo de Barcelona será una de las salas de ópera más elegantes del mundo.

traje de etiqueta: *evening clothes*

Al seguir las Ramblas desde el puerto hacia el centro de la ciudad, se llega a la hermosa y ancha Plaza de Cataluña. Esta plaza grande está adornada de árboles, de jardines y de grandes y bonitas fuentes.

Más allá de la Plaza de Cataluña está la Barcelona moderna y rica. En esta sección de la ciudad, hay muchos edificios altos, escuelas modernas, parques, avenidas anchas—todo lo que se encuentre en cualquier ciudad metropolitana. Hay dos avenidas hermosísimas, la del Paseo de Gracia y la que se llama la Diagonal; ésta corta la ciudad al sesgo.

al sesgo: *diagonally*

Monumento a la sardana. Todavía la gente se reune para bailarla en grandes grupos los días festivos.

Barcelona es una de las cunas de la arquitectura moderna. Antonio Gaudí y Cornet, quien nació en 1852, es el precursor del estilo moderno. Aunque hay varios edificios que son obras de Gaudí, el más famoso es el Templo Expiatorio de la Sagrada Familia. Esta basílica, todavía sin terminar, se empezó en 1882. En todos sus diseños, Gaudí incorporó formas de la naturaleza, y la fachada de esta iglesia curiosa es un verdadero jardín vertical. Hay árboles, pájaros, flores y figuras humanas. Las torres tienen forma del hermoso ciprés, árbol que abunda en España y que es el símbolo de la creencia en Dios. Gaudí murió en 1926 en absoluta pobreza, pero nos dicen que le enterraron en una cripta de su Sagrada Familia.

precursor: *forerunner*

Actualmente, hay un grupo de arquitectos jóvenes que viven y trabajan en Barcelona. Unos de ellos serán quizás innovadores como lo era Gaudí. Barcelona anima a sus artistas y tiene mucho orgullo en sus obras. Joan Miró y Salvador Dalí son otros dos artistas innovadores de Barcelona. Pablo Picasso, aunque naciera en Málaga, pasó su juventud eu Barcelona antes de salir para Francia.

como lo era Gaudí: *as was Gaudí*

anima: *encourages*

La gente barcelonesa tiene fama de ser astuta y sagaz, y de interesarse mucho por ganar dinero. Esta gente astuta es la misma que baila las sardanas cada mañana de domingo en los parques, en las plazas y delante de la catedral. También es la misma que nunca pierde motivo alguno para celebrar una fiesta, y que goza mucho de la ópera, del ballet, del teatro y del arte. Además, es una gente amable y acomodadiza que hará todo lo posible para servirle al visitante a su ciudad. Cervantes escribió acerca de Barcelona en el siglo XVI: «Archivo de la cortesía, albergue de los extranjeros, hospital de los pobres, patria de los valientes, venganza de los ofendidos, correspondencia grata de firmes amistades, y en sitio y belleza única». Esta calificación se puede aplicar todavía a esta ciudad tan interesante.

interesarse por: *to be interested in*

sardanas: *baile regional de Cataluña*

Muy cerca de Barcelona se halla el Monasterio Benedictino de Montserrat. Está situado en un nicho cerca de 1.000 metros sobre el nivel del mar y está rodeado de los picos fantásticos de Montserrat. Aquí se encuentran la basílica y la capilla de la Virgen Negra, la santa patrona de Cataluña. Se dice de esta imagen, como de muchas otras, que fue labrada por San Lucas. No obstante, será de la época entre los siglos XI y XIII.

Montserrat: *a name which means a jagged or saw-toothed mountain. The English adjective is "serrate"*

Es dudoso que se sepa cuándo y de dónde llegó la Moreneta a la montaña. Según la leyenda, la imagen de la

la Moreneta: *sobrenombre de la Virgen Negra*

El Templo de la Sagrada Familia, de Gaudí.

SUSCRICION
NACIONAL
XXV
ABRIL

Virgen fue escondida durante la ocupación mora. Como los moros estuvieron tanto tiempo, se olvidó del escondite. Después de la Reconquista, un obispo, atraído por sonidos y olores milagrosos, la descubrió. Decidió llevarla a un pueblo cercano, pero a cierta distancia, y como no pudo moverla más, allí se construyó la capilla.

escondite: *hiding place*

Hay muchísimas leyendas acerca de Montserrat. Una de ellas dice que el castillo del Santo Grial estaba situado en este sitio exacto. Sea lo que sea, hace muchos siglos que el camino al santuario está lleno de peregrinos: reyes y nobles, campesinos y mendigos. Se dice que Carlos V hizo nueve visitas al santuario de la Moreneta, y que Alfonso el Sabio le dedicó a ella varias de sus «cantigas».

Sea lo que sea: *Be that as it may*

cantigas: *poemas escritos para ser puestos en música*

Otras ciudades de España

Sin duda podemos encontrar muchas otras ciudades en España que merecen atención. Salamanca, no muy lejos de Avila, se halla en las orillas del Río Tormes. Tiene una catedral hermosa del estilo plateresco y un puente romano, pero es famosa por su gran universidad, la más antigua y la más distinguida del país.

Cádiz es un gran puerto de la costa del sur. Se ha dicho que fue fundada por los fenicios 1.100 años antes de J. C. y que es la ciudad más antigua de Europa. Es el centro del comercio entre la América del Norte y España, sobre todo desde el establecimiento cerca de allí de bases militares de los Estados Unidos.

Málaga y Jerez de la Frontera son conocidas por sus vinos excelentes. A lo largo de la Costa del Sol, el turista puede pasar sus vacaciones en Marbella, en Fuengirola, en Torremolinos o en cualquier ciudad costera. No muy lejos de Gibraltar, se encuentra la ciudad de Algeciras. En el norte, a lo largo de la costa cantábrica, están las ciudades de San Sebastián, Santander y Gijón que atraen cada vez más turistas.

Jerez de la Frontera: *se dice que el mejor jerez* (sherry) *del mundo se hace aquí*

cada vez más: *more and more*

De veras, en cualquier parte de España hay ciudades interesantes e importantes.

¿Una tierra de fiestas y siestas?

Alguien ha dicho que España es una tierra de fiestas y siestas, pero desde que la monarquía democrática de Juan Carlos I ha reemplazado la dictadura de Francisco Franco, todo va cambiando. Los cambios son patentes en las ciudades grandes. La siesta en Madrid y Barcelona va desapareciendo. En Madrid los almacenes y algunas tiendas

patentes: *obvious*

La Universidad de Salamanca es una de las más antiguas de Europa.

ya no cierran las puertas durante la tarde. Los madrileños tampoco pasan tres horas almorzando. Con los rascacielos, los otros edificios modernos y el tráfico que continúa durante las horas de la siesta, la capital se va pareciendo a cualquier ciudad grande.

Pero las fiestas no desaparecerán. Se celebran en toda ciudad, todo pueblo y toda aldea diminuta. La fiesta es una parte integral de la cultura y de la vida española.

Muy bien conocidas son las grandes fiestas como las fallas de Valencia, los sanfermines de Pamplona y la gran celebración religiosa de Santiago de Compostela. Pero las fiestas pequeñas son también muy interesantes, y los habitantes de los pueblos y aldeas esperan con tanto placer sus fiestas como los de las ciudades grandes. Por ejemplo, en el pueblo

de Ribadeo en la costa del norte de Galicia hay una fiesta preciosa. Se celebra el 9 de septiembre que es el día de Santa María de los Campos, la santa patrona del pueblo. Se incluye todos los elementos usuales de cualquier fiesta española, es decir, los gigantes, las cabezudas, las procesiones, un teatro de títeres, fuegos artificiales y puestos donde se venden comida y refrescos.

La gente de Ribadeo acogerá a cualquier viajero con cortesía. Los que no hablan español comprenden inmediatamente que están bienvenidos. El visitante que tenga la buena suerte de pasar un día de fiesta en cualquier ciudad, pueblo o aldea tendrá, sin duda, una experiencia muy agradable.

gigantes: *giants made of papier-mâché*
cabezudas: *very large papier-mâché heads*
teatro de títeres: *puppet theatre*
puestos: *stalls, booths*
encabezada por: *headed by*
acoger: *to welcome*

Los valencianos construyen enormes estatuas de cartón piedra (papier-mâché) que son quemadas el día de San José, el 19 de marzo. Son las famosas Fallas.

4

Madrid, la capital

Madrid está situada en el centro geográfico de la península en una llanura que está a unos 700 metros de altura sobre el nivel del mar. Es la capital más alta de Europa. Por eso, el aire y el clima son muy sanos.

No se sabe cuando fue fundada, pero se identifica por lo general como la ciudad mora de Majrait de la cual se cree derivar el nombre actual. Hay indicaciones que no existió la ciudad antes del siglo X. No tiene los grandes monumentos ni edificios históricos como muchas otras ciudades españolas porque no tenía importancia antes de 1591 cuando fijó allí Felipe II su corte y la hizo la capital del Imperio Español. Este imperio incluía las colonias españolas del Nuevo Mundo.

Majrait: *Se escribe este nombre:* Majrit, Majoritum *o* Magerit

La ciudad sufrió mucho durante la Guerra Civil de 1936–1939. Sin embargo, ya en 1960 la mayor parte de la ciudad se había reconstruido. Como consecuencia, hay muchos edificios relativamente nuevos.

como consecuencia: *as a result, consequently*

La Puerta del Sol, que hasta poco fue el centro geográfico, social y comercial de la capital, sigue siendo un cruce de importancia comercial. La Plaza de Oriente es el

La Plaza de España, a poca distancia de la Universidad y el centro comercial de Madrid. Es un monumento al gran escritor Cervantes y a Don Quijote y su compañero, Sancho Panza.

sitio actual del Palacio Real, levantado en el siglo XVIII. Hoy una parte de este palacio es un museo. Hay pinturas y estatuas, obras de los grandes artistas de España. Se puede ver allí la gran colección de relojes de Carlos V. Se halla también en el palacio el altar pequeño que llevaba Isabel la Católica consigo cuando viajaba por España. El Salón del Trono es uno de los más magníficos y elegantes del mundo. Los reyes actuales, Juan Carlos I y doña Sofía, no viven en el Palacio Real sino en el Palacio de la Zarzuela, a pocos kilómetros de Madrid.

La Plaza de España es el sitio de un monumento en bronce de Don Quijote y Sancho Panza delante de una gran estatua en piedra de Cervantes. Detrás, se ve un gran edificio que contiene un hotel y también muchas oficinas de negocios.

Además de las muchas plazas, hay varios hermosos parques. De estos, hay que mencionar el Retiro, quizás el más conocido de la ciudad. Antes, era el jardín de un gran palacio del siglo XVII que se quemó. Ahora pueden visitarlo todos los madrileños. Por la mañana, por la tarde o por la noche de cualquier día, se puede ver mucha gente que goza de los paseos entre los magníficos árboles, o del estanque con la estatua de Alfonso XII que parece vigilar sobre el gran parque.

El museo más grande e interesante de España se encuentra en Madrid. Se llama el Prado y contiene una magnífica colección de pinturas de los grandes artistas de España tanto como los de Francia, de Italia y de otros países de Europa. Por supuesto, se pueden ver allí las grandes obras del Greco, de Velázquez, de Goya, de Zurburán, de Murillo y de otros maestros españoles. Pero también se pueden ver obras maestras de Rubens, de Ticiano, de Rafael, de Van Dyck y de muchos otros maestros de la pintura.

La universidad fue fundada en 1590 por Alfonso Orozco. En 1836, se trasladó la Universidad de Alcalá de Henares a Madrid, y se unió con la que ya existía en la capital. La nueva universidad llegó a ser un gran centro erudito y hoy tiene más de 70.000 estudiantes. Muchos son extranjeros y vienen de casi todos los países del mundo, incluyendo los Estados Unidos. Esta universidad importante está situada fuera de la ciudad y casi todos los edificios del gran complejo se han construido después de la Guerra Civil.

Los españoles no sólo torean a pie. También lo hacen a caballo.

Madrid es el centro del gobierno y de la cultura del país, pero es también un gran centro comercial, industrial y de comunicación. Dos edificios impresionantes son el de las Cortes, el parlamento español; y el Palacio de Comunicaciones. Este, con los servicios centrales de correo y de telégrafos, se parece a una catedral.

Por supuesto, la plaza de toros de Madrid es la más importante de España. Es un gran monumento, y además del coso taurino y de los toriles contiene un museo taurino. Tiene cabida para 25.000, y durante la temporada, cada domingo a las seis de la tarde está llena de aficionados.

El teatro, es decir el drama, es muy importante en la capital. Hace siglos, los reyes y los nobles asistían a las representaciones de las comedias de Lope de Vega. A los madrileños les gusta todavía el drama. También la zarzuela, otra forma de teatro, queda muy popular.

Madrid cambia de día en día. Hoteles nuevos aparecen cada año. Calles antiguas se convierten en avenidas anchas, y nuevas casas de pisos y rascacielos se construyen.

Madrid es una de las mejores ciudades de Europa para hacer compras. Hay muchas tiendas y *boutiques* encantadores. También hay que hacer una visita al Rastro. En este gran mercado al aire libre, es posible hallar muchas cosas curiosas, y de vez en cuando, un tesoro que se puede comprar a precio bajo.

No tiene nada de extraño que la hermosa capital de España haya llegado a ser uno de los grandes centros de turismo de Europa.

coso taurino: *enclosure for bullfighting*
toriles: *bull pens*
tiene cabida para: *holds*
temporada: *desde abril hasta octubre*
comedias: *In the Middle Ages, plays were called* comedias.
Lope de Vega: *The great Spanish playwright (1562-1635)*
zarzuela: *a sort of musical comedy that is typically Spanish*
de día en día: *from day to day*
casas de pisos: *apartment houses*
rascacielos: *skyscrapers*
el Rastro: *equivalent of the Flea Market in Paris or the Thieves' Market in Mexico City*
No tiene nada de extraño: *It is not surprising*

No muy lejos de Madrid se encuentra un edificio extraordinario, El Escorial. Está al noroeste de la capital en los contornos de la Sierra de Guadarrama. Fue comenzado por Felipe II y los arquitectos Juan Bautista de Toledo y su discípulo, Juan Herrera. Es un edificio enorme que contiene una iglesia, un monasterio y un palacio real. Hay también una biblioteca importante, a pesar de haber sufrido grandes pérdidas en el fuego de 1671 que dañó mucho el edificio. Se reconstruyó el edificio pero los libros, los manuscritos y las grandes pinturas quedaron destruidas para siempre. Sin embargo, quedan grandes tapices, pinturas y tesoros como el tratado de ajedrez escrito por Alfonso el Sabio.

contornos: *outskirts*

tratado: *treatise*

Las habitaciones de Felipe II estaban situadas cerca de la iglesia para que el rey, quien estaba enfermo y tenía que guardar cama, pudiera mirar al sacerdote que celebraba la misa. Se cuenta que Felipe murió allí con los ojos fijos en el altar.

guardar cama: *to stay in bed*

El Escorial contiene también un panteón donde están sepultados los reyes y las reinas madres de España. En otra parte se encuentran los sepulcros de otros miembros de la familia real. En un pequeño cuarto, se hallan unas pequeñas tumbas blancas—las de los niños.

A la izquierda: *Otro palacio real es el de Aranjuez, cerca de la capital. Fue construido en el siglo XVIII por Felipe V. Aquí vemos el comedor.* A la derecha: *A 30 millas de Madrid está el Real Monasterio del Escorial.*

La historia

Las famosísimas murallas que encierran la ciudad de Avila. Tienen ya casi 1.000 años.

1

España primitiva

Los primeros habitantes

En ciertas cavernas de España los primeros habitantes dejaron pinturas que indican el nivel del desarrollo de una civilización primitiva en España antes de los comienzos de la historia escrita. Las pinturas que se destacan más son las de las cuevas de Altamira en la provincia de Santander. Estas pinturas están muy bien conservadas y representan los animales de los tiempos antiguos. Los colores y las formas de los dibujos son tales que indican un progreso cultural extraordinario.

Altamira: *estas cuevas ya están cerradas*

Santander: *pequeña provincia en Castilla la Vieja cuya frontera al norte es el Mar Cantábrico*

La historia escrita comienza unos 1.100 años antes de J. C. con la fundación de la ciudad de Cádiz, llamada entonces Cádir o Gádir. Se cree que los habitantes más primitivos de la península fueron iberos. Los celtas entraron desde el norte avanzando hacia el centro de la península y así se crearon una raza nueva, la de los celtíberos.

Los colonizadores

Más tarde, varios pueblos visitaron la península y quisieron colonizarles a los celtíberos. Los primeros eran los

Entre los muchos vestigios romanos se encuentra este templo en Vich (Barcelona).

fenicios, que ya tenían alfabeto y habían comenzado a usar moneda en su comercio. Se cree que esta gente de gran civilización vino a la Península Ibérica para explotar las riquezas minerales.

Los griegos siguieron a los fenicios como colonizadores. Se establecieron a lo largo de la costa del este. La población griega más importante fue Emporion, hoy Ampurias. Aquí se han hecho descubrimientos arqueológicos importantes de aquel período, sobre todo de estatuas y objetos cerámicos. Un objeto de arte muy famoso, que ya se guarda en el nuevo Museo Antropológico de Madrid, es la *Dama de Elche*, encontrado en la provincia de Alicante.

Dama de Elche: *algunas autoridades creen que esta estatua es ibérica más bien que grieja; otros creen que pertenece a una época más reciente*

Los cartagineses vinieron a derrotar y a expulsar a los griegos de la península. Se quedaron cerca de cuatro siglos, hasta que llegaron a ser muy poderosos los romanos.

El joven general cartaginés, Aníbal, comenzó en España su marcha a través de los Alpes. Aunque no tuvo mucho éxito, aquella marcha es famosa todavía porque Aníbal ulilizó elefantes.

Aníbal: *Hannibal*

En el siglo III antes de J. C. estalló la segunda guerra púnica. Durante cien años, Roma había extendido su poder sobre la península entera, y siguió dominándola hasta las invasiones de los bárbaros en el siglo V. Todavía se ve la influencia romana en el campo y en las ciudades. A pesar de las invasiones que sufrió más tarde el país, la lengua que se habla en España viene directamente del latín. También el código de leyes del país es del derecho romano, y todavía existen muchos vestigios y reliquias que se pueden ver en muchas partes de España.

la segunda guerra púnica: *Las luchas entre los cartagineses y los romanos se llamaron «guerras púnicas». Hubo tres de estas guerras pero solamente la segunda estuvo relacionado con la Península Ibérica.*

De la España prehistórica tenemos las conocidas pinturas de las cuevas de Altamira en Santillana del Mar (Santander). En la foto de la izquierda, un bisonte. Mérida es la escena de las ruinas de un famoso teatro romano y de este puente sobre el Guadiana.

2

La Edad Media

Al principio del siglo V, varios pueblos bárbaros atravesaron el Rhin derrotando a los romanos no solamente en Galia, sino también en España. Había tres tribus que penetraron en la península: los alanos, los vándalos y los suevos. Fueron pilladores y saqueadores y atravesaron la península, quemando y destruyendo todo.

Rhin: *En inglés,* Rhine, *el gran rio que forma una parte de la frontera entre Francia y Alemania*

vándalos: *la palabra inglés* vandal *se deriva del nombre de esta tribu porque los vándalos destruyeron todo sin motivo*

Los visigodos

Los visigodos, un pueblo escandinavo, antes aliados de los romanos, invadieron España cerca de 415. Los vándalos que ocupaban la parte de España que hoy es Andalucía, se vieron atacados por los visigodos y huyeron al Africa del norte. Así, los visigodos ocuparon casi la península entera y comenzó el período infeliz de la dominación visigoda. Sin embargo, los reyes de este pueblo adoptaron la religión cristiana, y bajo su influencia el cristianismo fue aceptado por casi todos los habitantes de la península.

religion cristiana: *Recaredo fue el primer rey cristiano. Su padre fue Leovigildo, el rey que al fin derrotó a los suevos.*

Los moros

La dominación visigoda duró hasta 711, año en que los moros invadieron España. En aquellos tiempos, Toledo

El héroe medieval de España, el Cid Campeador.

fue la capital del reino y Rodrigo fue el último rey visigodo. Según dice una leyenda, este rey descubrió que la hermosa hija del conde Julián tenía la costumbre de bañarse cada día a cierta hora en el Río Tajo. Rodrigo la esperó y la sedujo. El conde juró vengarse. Conspiró y proyectó con los moros la invasión de la península.

Impulsado por un celo religioso, los musulmanes ya habían convertido a los habitantes del Africa del norte. Atravesaron el Mar Mediterráneo para invadir España y derrotaron fácilmente a los visigodos. La conquista apenas duró diez años. Sin embargo, en Asturias, una pequeña región montañosa del norte, los cristianos, encabezados por Pelayo, comenzaron la Reconquista con la batalla de Covadonga. Pelayo, el rey de Asturias, derrotó a los musulmanes, y dio a luz al verdadero espíritu español.

musulmanes: *Moslems*

encabezados: *led by*

dio a luz a: *gave birth to*

La Reconquista

La Reconquista se fue extendiendo poco a poco a través de Navarra y Aragón hasta que los cristianos habían recapturado también Cataluña. Durante el reinado de Alfonso II (789–842) de Asturias, se descubrió milagrosamente el cuerpo de Santiago Apóstol. Por orden de Alfonso, se construyó un santuario sobre la tumba del Apóstol. Este santuario llegó a ser la gran catedral de Santiago de Compostela. Desde entonces ha sido una «Meca cristiana» porque peregrinos de todas partes del mundo la visitan. Este descubrimiento milagroso aumentó enormemente la moral de los cristianos y dio gran ímpetu a la Reconquista. Santiago, según cree mucha gente, apareció montado en un gran caballo blanco y condujo a la victoria un ejército que luchaba contra los musulmanes.

La dominación árabe convirtió a España en un territorio musulmán gobernado por un emir que fijó su capital en la ciudad de Córdoba. Al principio, el gobernador de España fue dependiente del califa de Damasco. Más tarde fue hecho califato independiente y en los primeros años del siglo X, Abderramán III se hizo califa. Pudo unir el país y durante los años de su reinado, el desarrollo económico que se vio fue extraordinario. Durante esta época de la ocupación mora, había en España tolerancia religiosa. Había cristianos que vivían en regiones gobernadas por los musulmanes. Llamaban a aquéllos «mozárabes» y los gobernantes moros permitían que practicaran su propia religión. En cambio, había musulmanes que vivían en regiones reconquistadas por los cristianos, llamados «mudéjares». Los reyes cristianos permitían, de una manera recíproca, que los moros practicaran su religión islámica.

Meca: *en inglés,* Mecca. *Por haber nacido allí Mahoma, es la ciudad sagrada de Islam. Durante su vida, todo musulmán debe hacer una peregrinación a esta ciudad.*

Santiago: *A causa de esta leyenda, Santiago se llama algunas veces «Matamoros», es decir* Moorslayer.

Damasco: *Damascus. Esta ciudad fue la capital del califato que extendía desde el Atlántico hasta la India e incluía a España*

A mediados del siglo XI, León y Castilla se unieron y Fernando I se hizo rey. Los sucesores de Abderramán III fueron menos eficaces y los cristianos se aprovecharon de esta debilidad. Fernando empujó la Reconquista hasta el Río Tajo. Estaba en camino a poner sitio a Valencia. Antes de llegar al gran puerto del Mediterráneo, se puso enfermo y tuvo que regresar a León. Murió poco más tarde en 1065. Al morir, dividió su reino entre sus tres hijos, Sancho, Alfonso y García. Sancho recibió Castilla; Alfonso fue heredero de León y Toledo, y a García le dio Galicia y Sevilla. En seguida, había una lucha entre Alfonso y su hermano Sancho. Sancho derrotó a Alfonso y éste se refugió en Toledo. Al morir Sancho, Alfonso se apoderó de Castilla.

se apoderó de: *took hold of*

Estatua del apóstol Santiago del Monasterio de las Huelgas (Burgos).

Cuando murió Sancho, Rodrigo Díaz de Vivar sospechó que Alfonso hubiera asesinado a su hermano. Rodrigo fue huérfano, hijo de una familia noble, y protegido de Sancho. Había pasado su juventud en el palacio real en Burgos y fue educado a la manera de los príncipes reales de la Edad Media. Muy amigo de Sancho, Rodrigo se confrontó con Alfonso y le demandó que prestara juramento a su inocencia. Alfonso lo hizo, pero se negó a perdonar el insulto, y a poco rato, desterró a Rodrigo. A pesar de todo, éste llegó a ser el caudillo más famoso de la Reconquista y el héroe nacional de España. Gracias al trovador desconocido que dio al mundo la historia del gran héroe, conocemos al Cid.

muy amigo de: *a very good friend of*

prestar juramento: *to swear, to take an oath*

trovador: *minstrel, troubadour*

Durante los primeros siglos de la Reconquista, los reyes de las regiones cristianas establecieron la costumbre de invitar a los nobles y a los eclesiásticos a concilios para pedirles consejos. En el siglo XII uno de estos concilios fue llamado las «Cortes». Aunque funcionaban como cuerpos legislativos, las Cortes no tenían poder alguno. En primer lugar, solamente el rey podía convocarlas. Podía obrar sobre los consejos o no, según lo deseaba. Sin embargo, influían a menudo en las decisiones de los reyes. En cambio, pasaron algunas veces 50 o 100 años sin que los reyes las convocaran. No obstante, las Cortes de aquella época llegaron a ser el parlamento español de hoy, llamado todavía las Cortes.

La Reconquista avanzó durante los siglos XII y XIII. Fernando III, nacido en 1199, heredó el trono de Castilla en 1217. Durante su reinado, venció a Córdoba, a Murcia y a Sevilla. Por haber avanzado tanto la Reconquista, se llama San Fernando. Al fin, la Reconquista pareció casi acabada. Pero a causa de las luchas interiores, más de dos siglos iban a pasar antes de que se pudiera terminar la gran lucha religiosa entre los cristianos y los musulmanes.

Cuando murió San Fernando en 1252, su hijo subió al trono y reinó con el nombre Alfonso X. Es probable que éste estorbara la Reconquista en vez de extenderla. Aunque fue conocido en la historia como Alfonso el Sabio, fue un rey muy imprudente. Ganó su sobrenombre por escribir o por hacer escribir la primera historia de España, y por componer las *Siete Partidas* que es un código de leyes. Por otra parte, gastó mucho dinero y perdió muchos hombres tratando de ser elegido emperador del Sacro Imperio Romano. Murió en 1284 y en seguida, comenzaron las guerras de sucesión. Estas guerras se acabaron cuando Pedro I fue asesinado después de un reinado de 19 años, un reinado lleno de agitación.

estorbar: *to obstruct, to impede, to hinder*

Pedro I: *(1333–1369) fue bisnieto de Alfonso X*

La historia y las leyendas indican que Pedro mereció bien su sobrenombre «el Cruel». Siguió las pisadas de su padre, Alfonso XI, que mató a sus enemigos políticos sin ceremonia ni conciencia. Pedro llegó a matar a uno de sus propios hermanos—unos historiadores dicen que mató a cuatro de sus cinco hermanos. Aprisionó a su esposa Blanca de Borbona y es probable que la envenenara. Se dice que, para robarle sus joyas, mató a un sultán turco que hizo una visita oficial a la corte española. Se cree que el sultán las había traído como regalo para Pedro. Entre estas joyas se encontró un rubí maravilloso que Pedro le dio a su amigo y aliado, el Príncipe Negro de Inglaterra. Hoy se puede ver este gran rubí en la corona real de Inglaterra.

Al fin, en 1369, Pedro fue asesinado por su hermano Enrique de Trastamara que subió al trono, y comenzó un largo período de intrigas y guerras civiles entre los nobles cristianos de la península. Todo esto retrasó la Reconquista.

siguió las pisadas: *followed in the footsteps*

Alfonso XI: *known as the avenger*

el Príncipe Negro: *Edward of Woodstock, primer duque de Cromwell, hijo de Edward III de Inglaterra. Llevaba armadura negra y por eso le llamaron el «Príncipe Negro».*

El rey-poeta Alfonso X, «el Sabio».

3

Los Reyes Católicos

Su casamiento y la unificación de España

En 1469, Fernando de Aragón y Cataluña se casó con Isabel de Castilla y León. Este casamiento fue un acontecimiento de mucha importancia en la historia de España. En 1474 Fernando e Isabel fueron proclamados juntamente soberanos de Castilla, pero la corona perteneció a Isabel y ella nunca consintió en renunciar su autoridad soberana. «Tanto monta, monta tanto Isabel como Fernando» fue el lema de los reyes y siempre firmaban cualquier documento, «Yo el rey, Yo la reina».

Fernando e Isabel pudieron lograr la unificación de los reinos de la península y España entró en el período de su grandeza. Muchos españoles consideran todavía a Isabel la más grande de todos los soberanos que tuvo España. El país avanzó mucho durante el reinado de estos monarcas conocidos en la historia como los Reyes Católicos, y la grandeza continuó hasta los últimos años del siglo XVII.

Tanto . . . Fernando: *Ferdinand and Isabel are equal, each to the other.*

lema: *motto*

lograr: *to achieve*

El año 1492

Es posible que el año 1492 fuera el año más importante de la historia de España. Tuvieron lugar unos acontecimientos que influyeron mucho en la economía y en la

Isabel la Católica de Juan de Flandes.

cultura del país. El primero fue, por supuesto, la conquista del reino moro de Granada. El 2 de enero de 1492, Fernando e Isabel aceptaron las llaves de la Alhambra de Boabdil, el último rey moro. Entraron en la ciudad y la magnífica capital de los moros los maravilló. La Reconquista ya estaba acabada y la dominación islámica de España se terminó al cabo de ocho siglos.

maravilló: *dazzled*

Otro acontecimiento fue el descubrimiento del Nuevo Mundo. Cristóbal Colón había visitado las cortes europeas, solicitándoles a los monarcas que le ayudaran en descubrir otra ruta para llegar a la India. Llegó a España acompañado de su hijo, Diego.

Los Reyes Católicos, en aquellos tiempos, luchaban para terminar la Reconquista y a ellos les pareció imposible, increíble y absurdo el proyecto de Colón. Afortunadamente, éste visitó el Monasterio de la Rábida donde los monjes cuidaban a su hijo. Un antiguo confesor de Isabel estaba allí y se cree que por los esfuerzos que hizo él, Isabel decidió darle a Colón lo que le faltaba para su viaje. El 3 de agosto de 1492, después de muchos meses de preparativos, los tres barcos, la Niña, la Pinta y la Santa María, salieron del pequeño puerto de Palos, y se comenzó la gran aventura.

antiguo: *former*

Dos meses después de salir de Palos, Colón y sus compañeros vieron la tierra del Nuevo Mundo, aunque Colón murió creyendo que había descubierto una ruta a la India.

También en este año, un edicto nuevo fue proclamado por los Reyes Católicos. Este edicto expulsó a los judíos del país. Los judíos de España, los sefardíes, eran un segmento muy importante de la población. Fueron filósofos, médicos, escolares y comerciantes y, al expulsarlos y al expulsar a los moros, España perdió una gran parte ingeniosa de sus habitantes. Se ha dicho que no comenzó en este año solamente el ascendiente del Imperio Español, sino también su decadencia. Con el edicto de 1492, se aumentó el celo de la Inquisición, que tenía como propósito el descubrimiento y castigo de la herejía.

Aunque mucha gente cree que este borrón en la historia de los siglos XV y XVI existía solamente en España, la Inquisición existió en otros muchos países. Por ejemplo, nos dicen que en Italia, la persecución de Galileo por el Papa por herejía hizo cesar las investigaciones científicas de aquella época. No obstante, en España, los mismos nombres de los inquisidores aterrorizaban a la población.

inquisidores: *Torquemada (1420–1498) fue el más infame de todos los inquisidores de España*

los mismos nombres: *the very names*

Cristóbal Colón, descubridor del Nuevo Mundo.

También en 1492, se escribió la primera gramática de la lengua española, acontecimiento importante para la cultura del país. En resumen, se puede decir que en un solo año, sucedieron muchos hechos que influyeron el curso de la historia y de la cultura de España.

TITUDO EYVS CORROBORAVIT BRACHIUM MEUM

4

El siglo XVI

La exploración del Nuevo Mundo

La exploración del Nuevo Mundo por los españoles se ve como una de las realizaciones monumentales de la historia del mundo. Cinco siglos más tarde, los pueblos de más de la mitad del Hemisferio Occidental todavía existen bajo el influjo de aquellos exploradores del siglo XVI.

realización: *achievement*

occidental: *western*

Establecieron iglesias, misiones y universidades. Quisieron enseñarles a los indios mejores métodos de cultivar los campos, y los instruyeron en su religión. Los padres franciscanos construyeron misiones desde San Antonio en Texas hasta el Océano Pacífico y a lo largo de la costa de California. La Universidad de México se fundó en 1551 y la de San Marcos en Lima, Perú en el mismo año, 85 años antes de la fundación en 1636 de Harvard, la universidad más antigua de los Estados Unidos. La primera prensa del Hemisferio Occidental se estableció en México.

misiones: *Existen todavía muchas de estas misiones. Por ejemplo, nos quedan cuatro en los alrededores de San Antonio.*

Dos de los conquistadores más famosos fueron Hernán Cortés y Francisco de Pizarro. Las leyendas y la historia tocante a Cortés y a Moctezuma están bien conocidas. Se dice que los aztecas fueron vencidos fácilmente porque,

tocante a: *concerning*

Moctezuma: *rey de los aztecas cuya capital fue Tenochtitlán, situada en el sitio de la capital actual de México*

Hernán Cortés, extremeño y valiente soldado-descubridor de México.

según las enseñanzas de su religión, un dios de tez blanca vendría a conquistarlos. Al ver a Cortés acompañado de su ejército, los indios creyeron que había llegado el dios que esperaban.

En la compañía de Cortés había un soldado que escribió una de las primeras historias del Nuevo Mundo. Se llamaba Bernal Díaz del Castillo y dio a su obra el titulo *Historia verdadera de la conquista de la Nueva España*. Muchos eruditos consideran este relato una narración autoritativa, al mismo tiempo que es viva, humana, y, por lo visto, imparcial.

eruditos: *scholars*

Francisco de Pizarro condujo la exploración y la conquista de los territorios de los incas de Sudamérica. Encontró una civilización muy avanzada. Los incas fueron buenos arquitectos, ingenieros y labradores. En algunas cosas se vieron más avanzados que los europeos.

El siglo XVI en España

Durante el siglo XVI, España no se ocupó sólo de explorar y colonizar el Nuevo Mundo, sino que extendió sus territorios en Europa. Fernando e Isabel tuvieron varios hijos pero cuando murió don Juan, heredero al trono, antes de sus padres, la hija mayor, Juana, fue nombrada en el testamento de su madre. Juana se casó con Felipe el Hermoso de Austria. La pobre se volvió loca y cuando murió su madre en 1504, su marido se hizo rey—Felipe I. Fue el primer rey de la dinastía de los Habsburgos. Su suegro, Fernando, se retiró de España. Después de un reinado breve y desordenado, Felipe murió y Fernando regresó como regente. Fueron tiempos de intriga y de lucha entre los países de Europa. Aunque se consideraba que Fernando no era siempre justo en sus relaciones con otros países, era sagaz y astuto, y cuando murió en 1516, España había llegado a ser una de las naciones más poderosas de Europa.

se volvió loca: *Unos escritores creen que tanto su esposo como su padre exageraron la locura de Juana para servir sus propios intereses.*

El hijo de Felipe y de Juana la Loca, Carlos de Gante, comenzó su reinado en 1517 como Carlos I. Cuando murió su abuelo, Maximiliano de Austria, en 1519, Carlos quedó su heredero y se hizo emperador del Sacro Imperio Romano como Carlos V. Además de España, se encontró a los veinte años emperador de posesiones en Italia y en Alemania, de los Países Bajos y de Borgoña en Francia. Creía que Luis XI de Francia le había robado el condado a su abuela, María de Borgoña, hija de Carlos el Temerario, duque de Borgoña. Luis XI trataba de unificar a Francia y mató en batalla al duque. Carlos contaba también entre sus dominios las tierras

Gante: *Capital de la provincia de Flandes. (Se escribe en inglés:* Ghent)

del Nuevo Mundo. Tal imperio vasto crió muchos problemas. Por fortuna, el joven rey llegó a ser un soberano astuto y sabio, y pudo administrar todo de una manera inteligente. Por ejemplo, estableció que los indios de las Américas eran ciudadanos de España. Los españoles que salieron de España para establecerse en América se casabon con las indias. Así, criaron una raza nueva, la «mestiza», que hoy es la raza predominante de Latinoamérica.

estableció: *decreed*
ciudadano: *citizen*

Al subir al trono de España, Carlos no sabía castellano y no quería vivir en España. No obstante, llegó a ser uno de los grandes monarcas del país. Tuvo buen éxito en sus empresas militares en Europa. Sin embargo, aunque «no se ponía el sol» en el Imperio Español, la gente de España vivía en la pobreza y la miseria.

no sabía castellano: *Carlos nació en Bélgica y nunca había visitado España hasta que llegó para su coronación.*

Además de sus guerras políticas, había luchas religiosas. En estos tiempos, el movimiento del protestantismo fue instigado por Martín Lutero en Alemania. La intolerancia religiosa se aumentó en España y se aumentaron también las actividades de la Inquisición para impedir que el movimiento luterano ganara una posición establecida en España.

Felipe II, el Prudente

Por un período de cuarenta años, el emperador Carlos tuvo que luchar contra sus enemigos europeos, y hasta contra su propio hermano, Fernando. Durante muchos años éste quiso ser emperador romano. Ahora Carlos se encontró cansado y enfermo. Por fin, en 1555, abdicó su corona imperial en Fernando, aunque no lo reconocieron hasta 1558. En 1555 abdicó en Felipe, su hijo, su soberanía de los Países Bajos, y en enero de 1556, de sus dominios en Italia y en el Nuevo Mundo, así como la corona de España. Después de sus abdicaciones, se retiró al Monasterio de Yuste. Su hijo, aunque no heredó Alemania, se encontró a los 29 años soberano de un vasto imperio. Reinó como Felipe II el Prudente, aunque quizás hubiera sido más descriptivo el título, «el Triste». Fue un hombre que quería todo en orden perfecto. Fue pequeño de estatura y prefería vestirse sencillamente con terciopelo negro. Se puede ver el gusto austero y tremendamente religioso de este rey habsburgo en el Escorial, un palacio y monasterio que él hizo construir. Vivía allí dirigiendo los asuntos del reino desde sus habitaciones que tenían un ambiente muy sombrío. Sin embargo, el Siglo de Oro alcanzó el nivel más alto durante el reinado de este rey que se interesaba en los detalles más diminutos del gobierno.

abdicar en: *to abdicate in favor of*

Yuste: *situado en Extremadura*

gusto: *taste*

ambiente: *atmosphere, feeling, or mood of a place*

Carlos había casado a Felipe con su prima, María Manuela de Portugal. Los dos fueron nietos de Juana la Loca. La pobre esposa murió al dar a luz a su hijo don Carlos. Este, por lo visto, heredó la locura de su bisabuela porque fue de carácter irritable, cruel y aun violento. Murió a los 23 años en circunstancias curiosas, y mucha gente le echó a Felipe la culpa.

bisabuela: *great-grandmother*

Después de la muerte de María Manuela, Carlos luchaba contra el protestantismo y contra su enemigo, Francisco I de Francia. Quería encontrar a otra esposa para Felipe que le diera ventaja política. María Tudor fue reina de Inglaterra y, por fortuna, soltera y católica. Era hija de Enrique VIII y Catalina de Aragón. Catalina fue tía abuela de Felipe, siendo ella hermana de Juana la Loca. Por desgracia, María tenía 38 años y nos dicen que era una mujer muy fea. A pesar de todo eso y a pesar de que Felipe no tenía más que 26 años, Carlos le casó en 1554 con la reina de Inglaterra. Carlos quería la ayuda de Inglaterra en su lucha contra el protestantismo. Además, quería formar una alianza entre España, Inglaterra y los Países Bajos. Creía que tal alianza aseguraría el catolicismo como religión de Inglaterra, y que también rendiría impotente a Francia. El Emperador tuvo razón. Por varios años, su proyecto tuvo éxito. Pero María murió sin hijos en 1558, e Isabel, su hermana protestante, se hizo reina de Inglaterra. Así quedó Felipe privado de un aliado.

tía abuela: *great-aunt*

En 1581 ocurrió quizás el triunfo más importante del reinado de Felipe. Pudo anexar a Portugal, y en aquel año fue coronado en Lisboa. Así se añadió no solamente Portugal al ya inmenso Imperio Español, sino también el imperio colonial portugués.

Derrotados los turcos, le quedó a Felipe otro enemigo, y en 1585 comenzó la guerra entre los dos países más poderosos del mundo, España e Inglaterra. Esta guerra fue el último gran desastre del reinado de Felipe II. La gran Armada «invencible» que mandó contra los grandes almirantes de Inglaterra fue derrotada ignominiosamente en 1588. En los últimos años de su vida, Felipe fue vejado por luchas internas así como por otras en Francia. Murió en 1598 al cabo de un reinado de 42 años.

los turcos: *En 1571, animados por el Papa, los países cristianos mediterráneos derrotaron a los turcos, que eran musulmanes, en la batalla naval de Lepanto. Felipe mandó 200 buques de guerra.*

vejado: *plagued, harassed*

El Siglo de Oro

La grandeza imperial, (social, política y moral) se refleja, por lo general, en las artes y en la cultura de cualquier país. En España, este período alcanzó un altísimo nivel en el arte y en la literatura—el Siglo de Oro.

Felipe II, hijo del Emperador Carlos I. Un rey muy religioso y austero.

Se fijan generalmente estos cien años entre 1550 y 1650. Miguel de Cervantes nació en 1547 y murió en 1616. El primer tomo de su gran obra maestra, *El Ingenioso Hidalgo Don Quijote de la Mancha*, apareció en 1605. En 1554, un autor desconocido nos dio la primera novela picaresca, *Vida de Lazarillo de Tormes*, la primera novela de un género literario que es español cien por cien. El gran dramaturgo, Lope de Vega, considerado el creador del teatro español, vivió desde 1562 hasta 1635, y es probable que escribiera casi dos mil obras dramáticas. El fraile Gabriel Téllez, llamado Tirso de Molina (1571-1648), creó el personaje de don Juan en su obra *El burlador de Sevilla*. Este protagonista ha aparecido en la ópera, en la poesía, en las novelas y en el drama de España y del extranjero. Calderón de la Barca (1600–1681), otro gran dramaturgo, fue filósofo con temas profundos. Su obra maestra, *La vida es sueño*, es una de las grandes obras dramáticas de la literatura del mundo.

del extranjero: *abroad*

Entre los artistas de este gran siglo, se encuentran dos que son muy importantes. El Greco, quien nació en la isla de Creta y que estudió en Italia, llegó a ser el hijo espiritual adoptivo de España. Pasó sus años productivos en Toledo,

donde se pueden ver muchos de sus cuadros. Se encuentran también varias obras de este gran artista en el Prado de Madrid, así como en los grandes museos de todo el mundo. Es probable que *Vista de Toledo* y *El entierro del Conde Orgaz* sean sus obras más conocidas.

Otro de los grandes artistas de esta época fue Diego de Velázquez (1599–1660). Llegó a ser pintor oficial de Felipe IV, y muchos de sus retratos son del rey. Se dice que prefería pintar paisajes, y por eso muchas veces retrató a los miembros de la familia real al aire libre. Pintó también temas religiosos. Su gran obra, *El Cristo Crucificado*, inspiró tanto a Unamuno que éste la inmortalizó en su poema, «El Cristo de Velázquez». Su obra maestra, *Las Meninas*, será la más conocida de todas sus pinturas.

Unamuno: *Uno de los grandes escritores de la Generación de '98*

Este llamado «Siglo de Oro» fue la época sobresaliente de la historia cultural de España.

A la izquierda, *Don Miguel de Cervantes Saavedra, gran figura del Siglo de Oro*. Abajo, El Aguador de Sevilla, de *Velázquez (1599–1660)*.

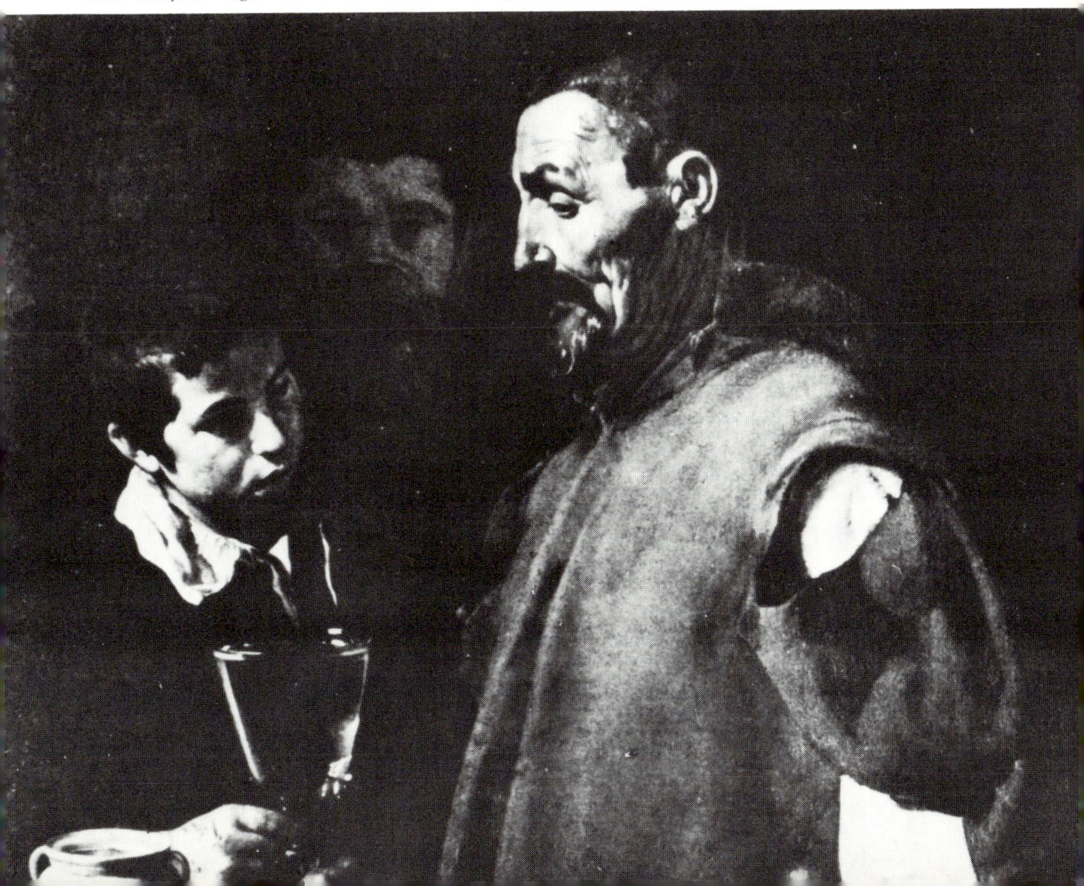

5

La decadencia

Las fechas de la decadencia del imperio español se fijan generalmente desde el año 1600 hasta 1898. La guerra entre España y los Estados Unidos sucedió en 1898, y al fin de esta corta lucha, España había perdido los últimos vestigios de su imperio colonial.

la guerra . . . en 1898: The Spanish-American War *España perdió Cuba, Puerto Rico, Guam en las Marianas y las Filipinas*

A pesar de su grandeza, los Reyes Católicos, Carlos I y Felipe II contribuyeron mucho a la decadencia por sus errores clásicos. Se cree que solamente el descubrimiento y explotación de las Américas la aplazó por cien años.

aplazó: *postponed*

Al morir su padre en 1598, Felipe III subió al trono. Era ocioso y vano, y no le interesaban más que los placeres. Le entregó a su favorito, el duque de Lerma, las riendas del gobierno. Los gastos se aumentaron excesivamente. La mayor parte del incremento cayó en manos de Lerma. Al fin, robó tanto y tan desvergonzadamente que el disgusto del pueblo le forzó la ruina. Para proteger a su favorito, el rey le desterró y por las súplicas de Felipe, el Papa le concedió a Lerma el capelo de cardenal.

desvergonzadamente: *shamelessly*

el capelo de cardenal: *the cardinal's hat*

En 1618 comenzó la Guerra de Treinta Años, una lucha entre el catolicismo y el protestantismo. Felipe tuvo

Velázquez llegó a ser el pintor oficial del corte español. A la izquierda, *un retrato de Felipe IV.*

que entrar en la guerra para ayudar a los otros reyes de la dinastía hapsburga, y también para sostener el catolicismo. El acto más desastroso de su reinado fue quizás la expulsión de los últimos moriscos. Como resultado de esto, la agricultura sufrió mucho y como consecuencia, la economía se empeoró. Cuando expulsaron Fernando e Isabel a los judíos y a los moros en 1492, comenzó la pérdida de población. La emigración al Nuevo Mundo la aumentó. En el siglo XVII, vivían desterrados medio millón de españoles. Fue una gran pérdida para la economía porque muchos de los que salieron del país pertenecieron al segmento productivo de la población.

se empeoró: *got worse*

Felipe III murió en 1621 y aunque su hijo, Felipe IV, fue más capaz y honrado, permitió que el Conde-duque de Olivares manejara el gobierno del país. Antes de su muerte en 1665, ya había empezado la desintegración del imperio. Los españoles habían ganado algunos triunfos pequeños, como el de la ciudad de Breda en Flandes. No obstante, habían perdido Rosellón, Sardinia y, lo más importante, Portugal.

Después de una regencia, Carlos II subió al trono en 1676 cuando tenía 15 años de edad. Sufría ataques de epilepsia y por eso fue llamado «el Hechizado». Durante su reinado, que duró hasta 1700, la decadencia política, económica y moral se acrecentó. En primer lugar, el rey fue casi imbécil y no pudo reinar. Por desgracia, Luis XIV fue, en aquellos tiempos, rey de Francia. *Le Roi Soleil* fue ambicioso y muy codicioso. Quiso incluir a España en la esfera de su influencia. Durante los años del reinado de Carlos II, todo el mundo creía que estaba a punto de morir. Por lo tanto, había luchas de sucesión. Al fin, la diplomacia y la astucia de Luis XIV indujo que el pobre Carlos nombrara a Felipe, duque de Anjou y nieto de Luis, su heredero. Al subir Felipe al trono, comenzó verdaderamente la guerra de sucesión. Al principio, no era más que una guerra civil dentro de España, pero dentro de poco, se extendió la lucha por los Países Bajos, por Italia y aun por América. El pretendiente fue Carlos de Habsburgo, hijo de Leopoldo de Austria. Inglaterra entró en la guerra al lado de Carlos. Al fin, la guerra se terminó en 1713 con el pacto de Utrecht. Felipe V se estableció en el trono de España, pero la guerra había costado mucho. España perdió territorios en Italia, y el Peñón de Gibraltar se cedió a Inglaterra y queda todavía una posesión inglesa.

el Hechizado: *the Bewitched*

Le Roi Soleil: *sobrenombre de Luis XIV de Francia. En inglés:* The Sun King

por lo tanto: *por eso*

Don Gaspar de Guzmán, el Conde-Duque de Olivares. Fue el responsable de llevar a Velázquez de Sevilla a Madrid.

6

Los Borbones

Al heredar Felipe de Anjou el trono español en 1700, se cambió la dinastía de los reyes de España. Cuando murió Carlos II, los Habsburgos se desaparecieron de la escena política en España. Felipe fue el primer rey de la casa de Borbón. Los Borbones reinaron en España, con excepción de unos períodos breves, hasta que renunció Alfonso XIII el trono en el año 1931. En la actualidad reina otro Borbón, Juan Carlos I.

Felipe se había casado con María de Saboya, que le dominó enteramente. Ella murió a principios de 1714. En diciembre del mismo año, Felipe volvió a casarse, esta vez con Isabel Farnesio de Parma, conocida en la historia como la «Fiera de España». Sus conspiraciones y sus intrigas influyeron a lo largo de treinta años. Sin embargo, puede ser que fuera gracias a sus dos esposas que Felipe pudo resistir a su abuelo francés que estaba tratando de dominar España.

volvió a casarse: *married again*

la Fiera de España: *the* Termagant (shrew) of Spain

Felipe V murió en 1746 y el segundo rey Borbón le siguió. El reinado de Fernando VI duró 13 años y fue una breve época de paz. Fernando murió sin herederos y su hermano menor, Carlos III, subió al poder. Reinó hasta 1788. Los años 1759–1788 fueron de prosperidad y este período fue el renacimiento de la economía española. Aunque su política

Carlos III, un rey borbón que reinó de 1759 a 1788.

extranjera fue a veces desastrosa, su política nacional les mejoró mucho la vida a los españoles. Abolió leyes anticuadas que habían limitado el comercio y la industria. Instigó reformas que limitaron el poder y la riqueza de la Iglesia. Aunque no abolió la Inquisición, la rindió impotente. Hizo construir caminos y canales, e hizo reformas agrarias que aumentaron la producción agrícola. Por fin, Carlos III alzó la economía casi al nivel del Siglo de Oro.

Carlos IV, Godoy y Napoleón

Fue una lástima que el hijo de Carlos III no tuviera el mismo interés en el gobierno. A Carlos IV no le gustaba más que la caza, y los asuntos del gobierno fueron dirigidos por su favorito, Manuel Godoy. Esto fue desastroso, porque Godoy fue el responsable de dejar entrar las tropas de Napoleón en España, y que Napoleón instalara a su hermano José como rey. Napoleón estaba preparando un ataque contra Portugal. Godoy le ayudó al emperador francés y al poco tiempo, la lucha estaba acabada. Pero luego, Godoy se arrepintió de su cooperación. Una vez que se encontró el ejército francés en la península, se estableció el poder de Napoleón en España. Carlos IV abdicó y su hijo Fernando VII subió al trono. La gente española, que odió tanto a Manuel Godoy, se alegró muchísimo del nuevo monarca. Napoleón desterró al rey viejo y a la reina y secuestró a Fernando. Al darse cuenta de lo que había pasado, la gente de Madrid se levantó contra las tropas francesas. El 2 de mayo de 1808 fue una lucha sangrienta. Los madrileños se pelearon usando cualquier arma que pudieran encontrar— palos, agua caliente, ladrillos y piedras. Mujeres y niños, todos entraron en la lucha. Pero los franceses derrotaron a los españoles, y Napoleón le dio a su hermano, José, la corona de España.

secuestrar: *to kidnap*

Se dice que cuando llegó José a Madrid, escoltado por el emperador, el llamado «Gran Napoleón», las calles de la ciudad estaban desiertas, y el silencio los saludó. En el fondo, se enconaba un odio hondo y duradero. Los españoles llamaron a José «el Intruso» y le dieron otro apodo, «Pepe Botellas». Este refirió, por supuesto, a su disposición para la bebida alcohólica.

el llamado: *the so-called*

enconarse: *to fester*

el Intruso: *the Intruder*

La guerra, que comenzó el 2 de mayo de 1808, duró más de cinco años. Los españoles organizaron bandas de guerrilleros que al cabo vencieron a los soldados de Napoleón. Por supuesto, recibieron auxilio de otros enemigos del emperador, pero fue el espíritu de la gente española que derrotó a los franceses que fueron expulsados. En 1814

Fernando VII regresó a Madrid y comenzó su reinado que duró hasta 1833.

Fernando se hizo un monarca absoluto y su reinado resultó en luchas interiores. Al mismo tiempo, se aprovecharon las colonias de Latinoamérica de las condiciones en España, y comenzó el movimiento de independencia. Para el año 1824, todos los países del Hemisferio Occidental, con excepción de Cuba y Puerto Rico, se habían separado de España.

aprovecharse de: *to take advantage of*

Isabel II y las Guerras Carlistas

Durante los últimos años del reinado de Fernando VII, la cuestión de la sucesión llegó a ser muy importante, puesto que Fernando no tuvo hijos, sino dos hijas. En 1833, antes de morir, nombró a su hija, Isabel, su única heredera. Ella no tenía más que tres años y su madre fue nombrada reina gobernadora.

Había un grupo reaccionario que se determinó que don Carlos, hermano de Fernando, subiera al trono. Los partidarios de don Carlos fueron llamados carlistas. Al subir al trono Isabel II, aquéllos trataron de invocar una vieja ley, la Ley Sálica, que prohibió que las mujeres ocuparan el trono de España. María Cristina, no gobernó bien, y como con-

madre: *la madre de Isabel fue María Cristina de Borbón*

ley sálica: *se deriva la palabra «sálica» del nombre de una tribu de bárbaros llamada los «francos salios». Como una ley verdadera, se aplicaba solamente en esta tribu. De vez en cuando, un rey o un príncipe trataba de invocarla para ganar una ventaja*

María Cristina de Borbón, reina gobernadora durante las guerras carlistas y madre de Isabel II.

secuencia, los carlistas ganaron cada vez más popularidad. En 1834, estalló la Primera Guerra Carlista. Durante la inestabilidad, se convocaron con frecuencia las Cortes. Adoptaron la constitución de 1837, la primera de importancia. No era un documento perfecto pero sirvió de base para las constituciones que se adoptaron más tarde. A María Cristina no le gustó el gobierno constitucional, pero tuvo que aceptarlo.

cada vez más: *more and more*

La guerra que duró hasta 1840 fue una lucha espantosa, y al fin no se realizó nada. En 1841, la reina gobernadora renunció y se fue a Francia. Un general del ejército cristina, Espartero, fue nombrado regente. En 1843, comenzó a reinar la joven Isabel II. Su reinado duró hasta que fue expulsada en 1868. Se considera la época una de las más aciagas de toda la historia de la España moderna. Hubo intrigas y escándalos que al fin le trajeron desastre a la reina y ella tuvo que huir.

renunciar: *to resign, to abdicate*
ejército cristina: *el ejército de María Cristina*

Los acontecimientos que precipitaron la expulsión de la reina se conocen como La Revolución de 1868. Había una batalla breve pero al cabo, el ejército desertó a la reina. Se convocaron elecciones y salieron victoriosos los monárquicos. Pero los republicanos se mostraron ser un grupo importante también. Las Cortes fueron convocadas para determinar la forma del gobierno. Votaron a favor de continuar la monarquía. El pueblo no quiso aceptar otro Borbón y fue necesario buscar algún noble que pudiera servir a España de rey. Al fin, Amadeo de Saboya, el segundo hijo del rey de Italia, consintió en hacerse candidato y fue elegido el 3 de noviembre de 1870.

no quiso: *refused*
consintió en hacerse: *agreed to become*

Nuevamente los carlistas comenzaron a agitar contra el monarca y, por segunda vez, España se encontró en una guerra civil fomentada por los que apoyaban a don Carlos. En febrero de 1873, Amadeo se encontró en una situación imposible y renunció el trono de España.

La Primera República y la Restauración

Las Cortes fueron convocadas otra vez y declararon España una república. Esta primera república tuvo cuatro presidentes durante los dos años de su existencia. La república duró hasta el fin de 1874 cuando en diciembre, Alfonso XII, hijo de Isabel II, fue proclamado rey. Los republicanos y los carlistas consideraron que habían perdido sus causas relativas y se reunieron para apoyar la monarquía.

apoyar: *to support*

El reinado de Alfonso XII se conoce en la historia

Alfonso XIII reinó de 1902 a 1931 cuando se declaró la Segunda República. Fue el abuelo del actual Rey de España.

Página 122: El 3 de mayo de Goya, Museo del Prado, Madrid. *Este cuadro recuerda la lucha valiente de los madrileños contra las tropas francesas.*

como la «Restauración Borbónica». Es una lástima que este reinado no durara más, porque Alfonso estaba bien preparado para reinar. A pesar de las muchas intrigas y maquinaciones de los liberales y de los conservadores, el rey restauró el orden político. Su reinado fue importante también a causa de la constitución de 1876. Con ciertos cambios, esta constitución quedó activa hasta la Guerra Civil de 1936. En 1885, Alfonso contrajo tuberculosis y falleció a los 28 años. Su hijo nació pocos meses después de la muerte de su padre. La reina madre, María Cristina de Habsburgo, se hizo regente y reinó hasta 1902 cuando declararon que su hijo había llegado a su mayoría de edad. El subió al trono y reinó bajo el nombre de Alfonso XIII.

contrajo . . . falleció: *se puso enfermo de tuberculosis y se murió*

Cuando comenzó la regencia de María Cristina en 1885, las colonias de Cuba y Puerto Rico se ponían cada vez más disgustadas y turbulentas. En 1893 y otra vez en 1895, el

disgustadas: *unhappy, displeased*

gobierno de España había intentado unas reformas para aplacar a los colonos pero no tuvieron éxito. En 1895, estalló en Cuba una guerra que ganó para la colonia la aprobación de los Estados Unidos. Había muchos políticos en España que querían conceder la autonomía a Cuba. Pero Cánovas del Castillo, Primer Ministro, fue conservador y la mayoría de su partido creía que sería mejor subyugar a los ejércitos de las colonias rebeldes. Fue un gran error. Los Estados Unidos enviaron un buque de guerra, *The Maine*, para proteger a sus ciudadanos que vivían en Cuba y las propiedades que les pertenecían. Se destruyó el gran buque en el puerto de La Habana. Por fin, los políticos españoles se dieron cuenta de que la única manera de salvar los restos de su imperio colonial era la de concederles las reformas deseadas. Las Cortes votaron a favor de las reformas pero ya era muy tarde. Como resultado de la pérdida del *Maine* y la discordancia que ya existía entre los dos gobiernos, estalló una guerra entre los países en la primavera de 1898. Terminó aquel fin de año. El Tratado de París, firmado el 10 de diciembre de 1898, concedió independencia a Cuba. Puerto Rico y las Islas Filipinas se convirtieron en posesiones de los Estados Unidos. También España perdió la mayoría de las Islas Marianas y otras islas en el Océano Pacífico. España ya no era un gran poder mundial. Había perdido su imperio colonial y su prestigio. Más importante aún había perdido confianza en sí misma. Al cabo de un siglo de guerras civiles y otras extranjeras, parecía que sufría un letargo del que no podía recuperarse.

No obstante, y a pesar de todo, durante la regencia de María Cristina, se mejoraron las escuelas y la gran generación de 1898 apareció en la escena literaria. «La generación» comprendía un grupo de jóvenes intelectuales que esperaban devolver a España la grandeza del Siglo de Oro. Por desgracia, no lo pudieron hacer porque, al subir al trono en 1902, Alfonso XIII no tenía más que 16 años y no sabía aprovecharse de las oportunidades que se le presentaron.

los colonos: *the colonists*

buque de guerra: *warship, man-of-war*

ya era muy tarde: *it was already much too late*

La explosión del buque norteamericano The Maine *en el puerto de La Habana aceleró el inicio de la guerra. Este desastre marítimo causó la muerte de 266 hombres a bordo.*

7

El siglo XX

Dictadura y abdicación

En 1909, comenzó la Guerra Marrueca que duró hasta 1927. Además, España tenía sus problemas sociales y económicos. En 1914, estalló la Primera Guerra Mundial. Había dos facciones en España. Una favoreció a los alemanes y otra a los aliados. Por eso, España no entró en la guerra. Se aprovechó de la lucha para mejorarse económicamente. Exportó sus productos y sus géneros a los países que estaban ocupados por la guerra. Sin embargo, existían otros problemas. Inspirados por la revolución en Rusia, los trabajadores formaron sindicatos.

aliados: *Francia, Inglaterra, Italia, los Estados Unidos y otros países tales como Bélgica, Grecia, Portugal, etcétera*
sindicatos: *labor unions*

En 1917, la Unión General de Trabajadores instigó una huelga general. El gobierno, al parecer, no pudo hacer nada. Al fin, el ejército forzó que los trabajadores volvieran a su empleo. Estos acontecimientos violentos evidentemente hicieron tanto daño al sistema parlamentario de España que no había más estabilidad en el gobierno central. Varios primros ministros se sucedieron rápidamente uno tras otro. La lucha marrueca continuaba. Alfonso, sin discutirlo con sus ministros, envió a cierto General Silvestre a Marruecos para terminar muy pronto la guerra. La campaña terminó desastrosamente y casi todo el ejército de España fue destruido.

huelga: *strike*

Juan Antonio Primo de Rivera, hijo del General Primo de Rivera. Estableció la Falange Española, partido fascista.

En 1923, el General Primo de Rivera llevó a cabo un golpe de estado. Habría acuerdo entre el rey y el general. Se dice que, según el pacto secreto que hicieron los dos, Rivera iba a ser dictador por tres meses para dominar por la fuerza todas las facciones que fomentaban la turbulencia por casi todo el país. La dictadura de Primo de Rivera duró siete años y es posible que habría durado más si el general, como casi todos los dictadores, no se hubiera confiado en sí mismo y si no hubiera cometido grandes errores. El ejército no quiso apoyarle más y su gobierno se cayó. Alfonso trató de tomar las riendas del gobierno pero no pudo hacer nada a causa de la oposición del ejército, del clero y de la mayoría de la gente. Al fin, abandonó el trono, sin abdicación formal, y salió de España. Se proclamó la Segunda República en abril de 1931. Los españoles estaban llenos de alegría. Aun los monárquicos celebraban la realización de este gran acontecimiento.

habría: *there probably was*

confiarse en: *to rely on*

errores: *trató de resolver problemas sociales por fuerza militar*

salió de España: *Alfonso XIII murió en Roma el 28 de febrero de 1941.*

Le Segunda República

Pronto la alegría se convirtió en desesperación. En primer lugar, había muchos partidos políticos, y todos adoptaron una actitud completamente opuesta a la del nuevo gobierno. También los generales del ejército se lo opusieron. Además, la Iglesia se opuso violentamente a la República. Esto no tuvo nada de extraño porque la constitución había decretado la separación de la Iglesia y el Estado, y la libertad de creencias y cultos. El gobierno confiscó las tierras que pertenecían a la Iglesia, y expulsó a los jesuitas. El primer presidente de la Segunda República fue Alcalá Zamora y el primer ministro, Manuel Azaña. Bajo estos dos líderes, las Cortes aprobaron el matrimonio civil y el divorcio. Todo eso pareció al clero un ataque directo contra la Iglesia. A la mayoría de la gente española le disgustó mucho porque desde hace muchos siglos había sido un pueblo profundamente religioso y muy leal a la Iglesia Católica.

jesuitas: *la «Compañía de Jesús», orden religiosa fundada por San Ignacio de Loyola en 1540*

disgustar: *to displease*

En cambio, el gobierno trató de mejorar la vida española. Por ejemplo, establecieron aproximadamente 10.000 nuevas escuelas dentro de un período de dos años. Claro está que fue imposible crear en tal período corto tantas escuelas que pudieran funcionar eficazmente. Los líderes del gobierno no habían aprendido las lecciones de la historia. Trataron de llevar a cabo en seguida todas las reformas deseadas. Por supuesto, había muchos que se opusieron a los cambios. Por eso, estalló la violencia, y en varias ciudades, había muchas manifestaciones públicas contra el gobierno. Al fin se celebraron nuevas elecciones en noviembre de 1933. Resultaron a favor de los derechistas que por supuesto no favorecían la forma republicana de gobierno. Formaron coaliciones con algunos grupos pequeños y así se hiceron el mayor partido. En cambio, los izquierdistas republicanos se aliaron con los socialistas y los sindicalistas, y juntos constituyeron la minoría parlamentaria.

Los resultados de estas elecciones fueron trágicos. Estallaron levantamientos uno tras otro en varias partes del país. En 1934 ocurrió una huelga general, y para finales de 1935, habían caído veintiocho gobiernos.

levantamientos: *insurrections, uprisings*

La Guerra Civil

En 1936 se celebraron otras elecciones. Salió victorioso el Frente Popular. Este fue una alianza de republicanos, socialistas y anarquistas. Otra vez existía el caos en España. José Antonio Primo de Rivera, hijo del dictador, había organizado la Falange Española, un grupo fascista. Se aprovechó de la turbulencia política para provocar el descontento y la inquietud. Poco más tarde, llegó a Marruecos un general joven a quien el gobierno había mandado a las Islas Canarias para quitarlo de la escena política. Este general joven se llamaba Francisco Franco Bahamonde. Al llegar a Marruecos, llevó allí las tropas de los nacionalistas en una rebelión contra el ejército del gobierno. Esta rebelión se extendió a la península y dentro de dos o tres días, España se vió envuelta en una guerra civil espantosa y sangrienta. Los ejércitos de los nacionalistas fueron apoyados por Hitler y Mussolini. Sin duda, la Guerra Civil en España fue un ensayo para la Segunda Guerra Mundial. Los dos dictadores querían probar sus armas y su táctica antes de invadir a los otros países de Europa. Enviaron provisiones, hombres y aviones al ejército del General Franco. El gobierno recibió dinero y provisiones de Rusia, pero no era bastante y, al fin, la República fue derrotada, pero solamente después de una lucha feroz durante la cual más de un millón de personas se murieron. El 28 de marzo de 1939, las fuerzas nacionalistas ocuparon la capital y la trágica guerra terminó a los pocos días. Para asegurar su autoridad, Franco no permitió más que un solo partido, La Falange Española Tradicionalista. En agosto de 1939, Franco fue nombrado Jefe de Estado.

apoyado: *supported*
ensayo: *rehearsal*

La dictadura de Franco

El nuevo jefe del estado español organizó su gobierno a imitación de los sistemas de Hitler y de Mussolini. A los pocos meses, comenzó la restauración. Los pueblos y las ciudades que habían sufrido más daño durante la Guerra Civil recibieron ayuda para reconstruir las casas y cualquier

edificio público que fuera necesario para que funcionaran los administradores. También se empezó la rehabilitación de los sistemas de transportes.

En septiembre de 1939, cuando las hordas hitlerianas invadieron Polonia y estalló la Segunda Guerra Mundial, Franco declaró la neutralidad de España. Durante los años de esta guerra, la población sufrió de privaciones y muchos se murieron de hambre. Al cabo de la guerra, las relaciones entre el gobierno de Franco y los de los países de Europa y de los Estados Unidos se encontraron muy hostiles. También el Caudillo tuvo problemas internos. Había segmentos de la población que se opusieron al gobierno del nuevo jefe. Por ejemplo, los monárquicos, animados por don Juan de Borbón, pretendiente al trono, exigían la restauración de la monarquía. En julio de 1947, Franco permitió un referéndum que hiciera posible la restauración. Por supuesto, fue aprobado.

pretendiente: *pretender, claimant*

Mientras tanto, pudo mejorar relaciones extranjeras, y en 1951 tuvo lugar un cambio de ministros que resultó muy importante. El nuevo gabiente incluía tales figuras como Ruíz Giménez, Arias Salgado, el conde de Vallellano y, quizás el más importante, el Almirante Luis Carrero Blanco que llegó a ser subsecretario de la Presidencia de Gobierno. Bajo este grupo de ministros España progresó mucho. En 1953, con la ayuda de los Estados Unidos, se aceleró la restauración. Se comenzaron reconstrucciones de edificios públicos en todas partes del país. De gran importancia, el gobierno inició la construcción de embalses para producir poder hidroeléctrico y para regar los campos y los huertos en áreas áridas. También en 1953, se firmó con los Estados Unidos el Pacto de Madrid. Bajo las condiciones de este tratado, los Estados Unidos establecieron bases navales y aéreas en España.

embalses: *dams*

En 1955, España se hizo miembro de las Naciones Unidas. Como resultado de esto y del Pacto de Madrid, la economía empezó a mejorar. Poco después, los turistas extranjeros «descubrieron» España y el país llegó a ser uno de los más visitados de Europa. La Costa del Sol empezó a atraer turistas de todas partes que gastaban mucho dinero e introducían costumbres nuevas al aislado pueblo español.

Para el año 1957 se había podido alcanzar el gobierno del Generalísimo cierta estabilidad. Sin embargo, lo de la monarquía parecía estar todavía en limbo. En julio del mismo año, Franco informó a las Cortes oficialmente que al resignar o al morir él, la monarquía sería restaurada. No obstante, todavía no indicó quién ocuparía el trono. El hijo mayor de

Don Francisco Franco de Bahamonde (1892–1975). Jefe de Estado durante casi 40 años.

Alfonso XIII se había muerto sin hijos en 1938. En 1939 el segundo hijo, Jaime, había renunciado todos sus derechos al trono, no sólo en nombre de sí, sino también en el de sus herederos, por haber nacido él sordomudo. A causa de todo esto, el tercer hijo de Alfonso XIII, don Juan de Borbón, conde de Barcelona, llegó a ser el verdadero pretendiente al trono. En 1955 Franco lo había visitado en la ciudad de Estoril en Portugal donde vivía en exilio. Al parecer, el Caudillo no lo favorecía como rey de España. Al considerar el liberalismo de don Juan, Franco insistió en que el hijo mayor de don Juan, Juan Carlos, regresara a España para terminar su educación: al parecer, el joven príncipe había sido elegido como futuro rey.

sordomudo: *deaf-mute*

Aparentemente, el problema de la sucesión le preocupaba a Franco. En 1960 fue otra vez a Estoril para reunirse con don Juan. Al regresar a Madrid, dio noticia que había reconocido los derechos de don Juan al trono. Don Juan y sus partidarios quedaban contentos.

En septiembre del siguiente año, fue proclamado el compromiso de la princesa Sofía, hija de los reyes Pablo y Federica de Grecia, con don Juan Carlos. Las bodas se celebraron en Atenas el 14 de mayo de 1962.

compromiso: *engagement*

bodas: *wedding*

En 1967 se celebró una elección para escoger 108 diputados. Era la primera elección democrática desde la Guerra Civil. También en este año se promulgó una ley que garantizó la libertad de cultos para la gente que no era católica.

elección democrática: *Se la considera una elección democrática aunque se sometieron a voto solamente la cuarta parte de los miembros de las Cortes. Los restos fueron designados.*

A pesar de todo el progreso desde el fin de la Guerra Civil, muchos problemas le quedaban al Caudillo. Había manifestaciones en la Universidad. Más de una vez los estudiantes se enfrentaron con la policía. Esto causó el cierre de la Universidad de Madrid por tres meses.

manifestaciones: *demonstrations*

Otro problema era el de Gibraltar, posesión inglesa desde 1713. Gibraltar celebró un plebiscito en 1967. Los habitantes del Peñon votaron a favor de Inglaterra por un gran margen. A pesar de la victoria inglesa, Franco creía todavía que Gibraltar debía pertenecer a España y siguió intentando recobrarlo por medios diplomáticos.

plebiscito: *plebiscite*

Los problemas de la agricultura eran múltiples y difíciles. Apenas se producía bastante para provisionar a la población. Uno de los factores importantes era la distribución desigual de la tierra. En el norte, sobre todo en Galicia, había muchas granjas diminutas, algunas de menos de media

El Valle de los Caídos. Es un monumento gigantesco a la memoria de los que murieron en la Guerra Civil. Franco está enterrado aquí.

hectárea. Por otra parte, en el sur había muchos latifundios. Casi todos los latifundios pertencían a un absentista que, por lo general, no hacía más que una visita al año. Los granjeros no se interesaban en la agricultura moderna, y por eso ni las granjas diminutas ni los latifundios pudieron producir mucho. La economía sufría las consecuencias.

Pero la agricultura española va mejorando. En los últimos años se han construido embalses y sistemas elaborados de canales y acequias para regar los campos secos. Así, se han resuelto muchos problemas agrícolas, mejorando la producción y la economía de ciertas regiones.

hectárea: *a measure of area equal to about 2-1/2 acres*

latifundio: *a large estate usually owned and operated by an absentee landlord*

acequias: *irrigation ditches*

La monarquía democrática

Después de haber esperado tanto tiempo, Franco pronunció de repente que don Juan Carlos le sucediera como jefe del Estado con el título de rey. Se hizo la proclamación ante las Cortes que la aprobó el 22 de julio de 1969. La investidura tuvo lugar al día siguiente. Don Juan Carlos ya era Príncipe de España y heredero al trono.

La investidura: *investiture, ratification*

Los años entre 1969 y la muerte del Caudillo en 1975 eran años muy difíciles para él. Todavía había problemas estudiantiles, sobre todo en la Universidad de Madrid. Existía también el creciente terrorismo, el problema de Gibraltar, la falta de libertad de la prensa y los problemas regionales en Cataluña y en las Vascongadas. Los grupos radicales, puesto que Franco había escogido su sucesor y que había alcanzado los ochenta años de edad, creyeron que ya llegó la debida hora para que él se retirara del gobierno.

ya llegó . . . hora: *the time had come*

En diciembre de 1973, el ultra-conservador primer ministro, Luis Carrero Blanco, fue asesinado. La ETA se atribuyó el mérito de haber cometido el crimen. Carrero había sido amigo personal de Franco y durante más de veinte años le sirvió de ministro. Sin duda alguna, Franco sintió gran pena al perder a su colaborador fiel que, si hubiera vivido, habría continuado la política de Franco.

ETA: Euskadi ta Askatasuna. *Así se llama en vascuence la organización terrorista llamada en espanol: «País Vasco y Libertad».*

se atribuyó el mérito: *took credit for*

pena: *grief*

Poco después de la muerte de Carrero, Franco nombró a Carlos Arias Navarro como jefe del gobierno que, a la vez, nombró un nuevo gabinete. Al nombrar los nuevos ministros, excluyó casi enteramente miembros del Opus Dei que había predominado previamente. El primer discurso de Arias se hizo famoso por haber ganado la confianza de gran parte de la población. Parecía que ya había una «apertura» política. Pero un grupo muy fuerte de derechistas eran enemigos del «aperturismo».

Opus Dei: *an organization of lay Catholics who were important businessmen and officials*

apertura política: *The press believed that the new Prime Minister would be more open with the press and with the country as a whole. They also used the word aperturismo.*

Don Juan Carlos de Borbón. Como Rey de España, es la esperanza de la joven democracia española.

En julio de 1974, Franco se cayó enfermo. Según la ley, don Juan Carlos se hizo jefe del Estado hasta que recobrara la salud el Caudillo. En septiembre los médicos le dieron de alta. Regresó al palacio del Pardo y asumió otra vez las funciones del jefe del Estado. Aunque había recobrado la salud, aparentemente por completo, los terroristas ya le perdieron el miedo y aumentaron sus actividades.

dar de alta: *to dismiss from a hospital or from the care of a doctor*

ya le perdieron el miedo: *weren't afraid of him any more*

El terrorismo se encontró principalmente en el País Vasco, pero había otros grupos que querían derrocar el gobierno de Franco. Sin embargo, y a pesar de todo, la economía siguió mejorando. Para 1975, España se había convertido en un país industrial importante.

derrocar el gobierno: *to overthrow the government*

se había convertido en: *had become*

El 30 de octubre de 1975, Franco, a los 83 años, sufrió varios ataques al corazón. Tres semanas más tarde, el 20 de noviembre, se murió. El cadáver fue expuesto tres días en el Palacio de Oriente. Miles de españoles desfilaron por delante del ataúd del hombre que los había gobernado durante casi 40 años. Al cabo de los tres días, trasladaron el cadáver al Valle de los Caídos y lo enterraron en el cripto que Franco mismo había preparado. Así, se marcó el final de una era.

Así se marcó . . . era: *Thus ended an era.*

El sucesor del Generalísimo, Juan Carlos Alfonso Victor María de Borbón y Borbón prestó juramento ante las Cortes el 22 de noviembre y, a los 37 años, llegó a ser Juan Carlos I, Rey de España.

Había muchas personas que no creían que el joven rey supiera reinar. Juan Carlos había anticipado tales problemas y había hecho bien sus proyectos preparándose para la inevitabilidad de la muerte del Caudillo.

Al poco tiempo, el rey le despidió al primer ministro, Carlos Arias Navarro. En su lugar, nombró a Adolfo Suárez que se mostró ser un hombre de increíble destreza política. Gracias al trabajo del rey y del nuevo primer ministro, la transición desde la dictadura de Franco hasta la monarquía democrática resultó relativamente fácil.

despedir: *to discharge*

destreza política: *political skill*

Aún le quedan muchos problemas difíciles: la autonomía de ciertas regiones, el terrorismo, el ejército, el paro laboral, la inflación y la violencia callejera. Hay grupos ultraconservadores que no aprueban el nuevo gobierno. Tampoco lo aprueban los terroristas. Sin embargo, muchos españoles parecen contentos con su rey y con su gobierno, el primer gobierno libremente elegido desde la guerra.

el paro laboral: *unemployment*

la violencia callejera: *street crime*

¿Cómo será la España del futuro? Por supuesto va a seguir cambiando rápidamente.

Vocabulario

A

abajo, below
abdicar, to abdicate
  — —en to abdicate in favor of
abolir; to abolish
abuelo, m. grandfather
abyecto-a, abject
acabar, to end, to finish, to terminate;
  — — de, + infinitive, to have just . . .
aceite, m. oil; **aceite de oliva,** olive oil
aceituna, f. olive
acelerar, to accelerate, to hasten
aceptar, to accept
acercarse, to approach
aciago —a, unfortunate
acogedor m., hospitable
aconsejar, to advise
acontecimiento m., event
acrecentar, to increase
actual adj., present, of the present time
acueducto m., aqueduct
acuerdo m., agreement
además, besides
adherir, to adhere; **adherirse,** to hold fast
adivinar, to guess
adoptivo —a, adopted
aéreo —a, aerial, air; **bases aéreas,** air
  bases
aficionado —a, m. & f. fan, enthusiast
afortunadamente, fortunately
agarrar, to seize
agitar, to agitate
agradable, agreeable, pleasant
agrario —a, agrarian
agrícolo —a, agricultural
aguileño —a, hawk-nosed
aire m., air; **al aire libre** in the open air
ajedrez m., chess
ajo m., garlic
alameda f., esplanade, public walk
alano —a, of or pertaining to the Alani, a
  barbarian tribe which invaded Spain in
  the 5th century
alboroto m., tumult, hubbub, fuss,
  disturbance
alcanzar, to reach
alcázar m., castle, royal palace, fortress
alcornoque m., cork tree
alegrarse (de), to be glad (of)
alegría f., gaiety
Alemania, Germany
alguno —a, some, any; after noun
  following a negative verb, at all
aliado m., ally
alianza f., alliance
aliarse (con), to form an alliance (with)
allá, there, over there; **más allá de,** beyond
almacén m., storehouse
almendra f., almond
almirante m., admiral
altiplanicie f., high plateau
alto —a, high
altura f., altitude, height
alzar, to raise, to life **— —se,** to rise
amargo —a, bitter
ambiente m., atmosphere
ambos —as, both
amueblar, to furnish
amplio —a, wide
ancho m., width
anclar, to anchor
andaluz m., native of Andalucía
anexar, to annex
anguila f., eel
antes, before; **mucho antes,** much before
antigüedad f., antiquity;
  antigüedades f., pl, antiques
antiguo —a, ancient
añadir, to add
aparecer, to appear
apartamento m., apartment
aplacar, to placate
aplastar, to flatten, to crush, to smash
apodo m., nickname
apoyar, to support
aprender, to learn
aprisionar, to imprison
aprobación f., approval
aprobar, to approve
aprovecharse de, to take advantage of
aragonés, —a, m. & f., inhabitant of Aragón
árbol m., tree
arbotante m., flying buttress
arco m., arch
ardilla f., squirrel
argamasa f., mortar
arma f., weapon
arqueológico —a, archaeological
arquitecto m., architect
arrepentirse, to repent
arriba, above
arrozal f., rice field
arroz m., rice
ascendiente m., ascendency
asegurar, to assure
asemejarse (a), to be similar (to), to
  resemble
asesinar, to assassinate

así, so, thus, therefore; **así como,** just as, as well as
áspero, —a, rugged, harsh
aspirante m., aspirant
astucia f., cunning
asturiano —a m. & f., native of Asturias
asunto m., business, matter, affair
atacar, to attack
ataque m., attack, (med.) seizure
atar, to tie, to attach
aterrorizar, to bring terror to, to terrorize
atraer, to attract
atravesar, to cross
aumentar, to augment, to increase
aun, even
aún, still, yet, as yet
aunque, although
austero —a, somber, harse, austere
autonomía f., autonomy
autónomo —a, autonomous, independent
autoritativo —a, authoritative
autorretrato m., self-portrait
auxilio m., aid, help
avanzado, advanced
avanzar, to advance
avenida f., avenue
aventurero m., adventurer
averiguación f., investigation
avión m., airplane
ayudar, to help, to aid, to assist
ayuda f., aid, help
azafrán m., saffron
azulejo m., glazed tile

B

bailar, to dance
bajo —a, low, short
bajo, under
banda f., band
bañarse, to bathe
baño m., bath
bárbaro —a m. & f., barbarian
barco m., ship
barro m., clay
basílica f., church
—— **de la Sagrada Familia,** Church of the Holy family
bastante, enough, quite
bastar, to be enough; **bastarse,** to be self-sufficient
belleza f., beauty
bello —a, beautiful, fine
benedictino —a, m. & f., Benedictine
biblioteca f., library
bisabuela f., great-grandmother
bisabuelo m., great-grandfather
bisnieto m., great-grandson
blanquear, to turn white
blasón m., coat of arms
bloque m., block
boina f., flat, round woolen cap used in Navarra and the Provincias Vascongadas
borbónico —a adj., Bourbon
bordo, board; **a bordo,** on board (a ship)
Borgoña, Burgundy
borrón m., blot
bosque m., forest
botijo m., earthen jar
breve, brief
bronce m., bronze
bruja f., witch
bulevar m., boulevard
buque m., ship, —— **de guerra,** warship, man-of-war
burlador m., jester, scoffer, wag
burro m., donkey
buscar, to look for

C

caballo m., horse
caber, to fit (into)
cabo m., end, finish, extreme; **al —— de,** at the end of
cada, each; **cada uno,** each one; **cada vez más,** more & more
caer, to fall
calamar m., squid; —— **en su tinta,** squid cooked in its own liquid
califa m., caliph
califato m., caliphate
cáliz m., chalice, cup, goblet
caluroso, —a, hot
calzado m., shoe
calle f., street
camarón m., shrimp
cambiar, to change
cambio m., change; **en ——,** on the other hand; **en —— de,** instead of
caminar, to travel; to walk
camino m., road, **en —— a,** on the way to
camión m., truck
campana f., bell
campanario m., bell tower
campaña f., campaign
campeador m., warrior; El Cid
campo, m., field, country
cansado —a, tired
cansancio m., tiredness

caos m., chaos
capaz, capable; (pl.) **capaces**
capelo m., hat (usually the hat of a cardinal)
capilla f., chapel
caracol m., snail
característica f., characteristic
carbón m., coal
cargado —a, loaded
carne f., meat
cartaginés —a m. & f., Carthagenian
casa f., house; **casa editorial,** publishing house
casamiento m., marriage
casar, to marry; **casarse (con),** to get married (to)
casi, almost
castigo m., punishment
castillo m., castle
casto —a, chaste
casucha, hut, shack
catalán m., language of Cataluña; **catalán —a** m. & f., inhabitant of Cataluña
católico —a, Catholic
cauce m., river of creek bed
caudillo m., leader, commander, chief
causa f., cause; **a causa de,** because of
caverna f., cavern
caza, f., hunting
cebolla f., onion
ceder, to cede, to transfer, to hand over
celo m., zeal
cena f., supper, dinner; **la Ultima Cena,** The Last Supper
cerca, near; **cerca de,** near to
cercano —a, nearby
cerrado —a, closed
cesar, to stop, to cease, to put a stop to
cierto —a, certain
ciudad f., city
ciudadano —a, m. & f., citizen
claro —a, clear; **claro está,** of course
clase f., class; **— — media,** middle class
clero m., clergy
clima m., climate
coche m., car, coach, railroad car or coach
cobre m., copper
cocina f., kitchen
codicioso —a, greedy
código m., code; **— — de leyes,** code of laws
cófre, m., chest, coffer, trunk
colina f., hill
colocar, to place, to set
colonizador m., colonizer
colonizar, to colonize
colono m., colonist, settler
columna f., column
comenzar, to begin
comer, to get
comerciante m., merchant
comercio m., commerce
cometer, to commit
como, as, like; **así como,** just as, as well as; **tan bien — —,** as well as
comparar, to compare
compilar, to compile
complejo m., complex
comprar, to buy
comprender, to understand, to comprise, to make up, to include, to contain
conceder, to bestrow, to grant, to concede
concha f., shell
conciencia f., conscience
concilio m., council
concordar, to agree
conde m., count
conducir, to lead, to conduct
conferencia f., lecture
confianza f., confidence
confrontarse con, to confront
conjeturar, to conjecture, to guess
conocer, to know, to be acquainted with
conquista f., conquest
conquistador m., conqueror
consecuencia f., consequence; **por — —** consequently
conseguir, to obtain
consejo m., advice
conserva f., preservation
conservador m., conservative
conservar, to preserve
consiguiente m., result, consequence, effect; **por — —,** therefore, consequently
conspiración f., plot, conspiracy
conspirar, to plot, to conspire
constituir, to constitute
construcción f., structure, construction
construir, to construct
contar, to tell, to relate; to count
contemporáneo m., contemporary
contener, contain
contiguo —a, adjoining
contra, against
contrabandista m., smuggler
contraer, to catch (a disease)
contrajo 3rd. pers., sing., preterite of contraer
contribuir, to contribute
convertir, to convert; **— — se en,** to be converted into
convocar, to convene, to convoke, to call together

coñac m., brandy, cognac
copia f., copy
coquetear, to flirt
corazón m., heart
corcho m., cork
cordero m., lamb
cordillera f., mountain chain
corona f., crown
coronar, to crown
correo m., mail
correr, to run
corrida f., course, race; **corrida de toros,** bullfight
corriente m., current, common
corte f., court; "**Cortes**" f. pl., Spanish Parliament; **de — — en — —,** from court to court
cortés, courteous
corteza f., bark
corto —a, short
cosecha f., harvest
coso m., enclosure
costa f., coast
costar, to cost
costero —a, coastal
costumbre f., custom
creador m., creator
crear, to create
creencia f., belief
creer, to believe
criar, to grow, to breed
cristal m., crystal, glass
cristianismo m., Christianity
crucero m., transept
cuadro m., picture
cualquier —a, whatever, whoever
cuanto, as much (as); **en cuanto a,** as for, with regard to
cubrir, to cover
cuero m., leather
cuerpo m., body
cuestión f., matter, problem, affair, question
cueva f., cave
cuidado m., care; **con mucho cuidado,** carefully
cuidadoso —a, painstaking, carefully done
cuidar, to take care of, to care for
culpa f., blame; **echar la culpa a,** to put the blame on; **tener la — —,** to be to blame
cultivado —a, cultivated
cultivar, to cultivate
cultivo m., cultivation
culto m., worship
culto —a, enlightened
cúpula f., cupula
curioso —a, curious, strange
curso m., course
curtido m., tanned leather
cuyo —a —os —as, whose, of whom, of which, whereof

CH

chipirón m., squid; **los chipirones en su tinta,** squid cooked in its own liquid

D

dañar, to damage, to harm
daño m., damage
dar, to give; **— — se cuenta de,** to realize, to become aware of; **— — a luz,** to give birth to, to publish; **— — por resultado,** to result in
dátil m., date
debajo, below
deber, must, should, ought to
debilidad f., weakness
decretar, to decree
dedicado —a, dedicated
dejar, to leave
delicioso —a, delightful, delicious
dentro (de), inside (of); **— — de poco,** within a short time
derechista m., rightist
derecho m., law, right; **— — romano,** Roman law
derribar, to demolish, to knock down
derrotar, to defeat
desabrido —a, bleak
desarrollo m., development
desastroso —a, disastrous
descargar, to unload
desconocido —a, unknown
descubridor m., discoverer
descubrimiento m., discovery
descubrir, to discover
desde, since, from
desembocar (en), to empty, (into)
desgracia f., misfortune; **por — —,** unfortunately
desordenado —a, disorderly, lawless
despejado —a, clear, cloudless
destacado —a, outstanding
destacarse, to stand out
desterrar, to banish, to exile
destruir, to destroy
desvergonzadamente, shamelessly
detalle m., detail
determinar, to determine, to decide

determinarse, to be determined, to resolve
deuda f., debt
devolver, to bring back, to give back, to return (something)
día m., day; **hoy día, — — en día,** nowadays
diablo m., devil
dibujo m., drawing
dictadura f., dictatorship
diferir, to defer
digno —a, worthy, deserving
diminuto —a, tiny, exceedingly small, minute
dinastía f., dynasty
dinero m., money
dios m., god
dirección f., control, guidance, direction
dirigir, to direct
discípulo m., pupil, disciple, follower
discutir, to discuss
diseño m., design
disgustado —a, discontented, displeased
disgustar, to displease
disgusto m., discontent, displeasure
disposición f., predilection
dispuesto —a, ready
distinto, —a, different
diversión f., amusement
doler, to hurt, to give pain, to ache
domicilio m., residence
dominar, to dominate
dominio m., domain, dominion, power
dondequiera, anywhere
dramaturgo m., dramatist
duda f., doubt; **sin duda,** doubtless
dudar, to doubt
dueño m., owner, proprietor
duque m., duke
duradero —a, lasting
durante, during
durar, to last, to endure
duro —a, hard

E

eclesiástico m., clergyman; **— — s (plu.),** clergy (collective)
economía f., economy
económico, —a, thrifty, economical
edad f., age; **Edad Media** f., Middle Ages
edicto m., edict
edificio m., building, edifice, structure
editorial adj., publishing; **casa — —,** publishing house
eficaz, efficient
ejemplo m., example; **por — —,** for example
ejército m., army
elegir, to elect
embargo: sin embargo, however, nevertheless, notwithstanding
emergir, to emerge
emigrar, to emigrate, to leave
emir m., an Arabian ruler or chieftain
emperador m., emperor
empezado —a, (past part, of empezar) begun
emplear, to use, to employ
empleo m., work, employment
empresa f., enterprise, understaking
enamorarse (de), to fall in love (with)
empujar, to push, to impel
encantador, charming
encanto m., charm
encapuchado —a, covered with a hood
encerrar, to enclose
encima (de), on top (of)
enconarse, to fester
encontrar, to find; **encontrarse,** to be found, to be
enemigo —a m. & f., enemy
enfermo —a, ill
enorgullecerse, to pride oneself on
enorme, enormous
ensayista m., essayist
ensayo m., rehearsal
enseñanza f., education, instruction, teaching
enseñar, to teach
enteramente, entirely
entero —a, entire
enterrado —a, buried
enterrar, to bury
entierro m., burial
entonces, at that time, then; **desde — —,** since that time
entrada f., entrance
entre, between, among
entregar, to hand in, to surrender
entretanto, meanwhile
enumerar, enumerate
envenenar, to poison
enviar, to send
envidiar, to envy
envuelto —a, enveloped
época f., epoch, era
erigdo —a, erected
erudito —a, scholarly; **erudito —a,** m. & f., scholar
escalera f., stairs, ladder
escandinavo —a, Scandinavian
escaparate m., showcase, store window
escena f., scene

escoltar, to escort
escoger, to choose
esconder, to hide
escribir, to write
escrito —a, past part. of escribir, written
escritor —a, m. & f., writer
escuela f., school
ése —a, that one; the former
esfera f. sphere
esfuerzo m., effort
esmero m., care; **con esmero,** carefully
espada f., sword
espantoso —a, frightful
esperar, to hope, to expect
espíritu m., spirit, soul, courage, genius
esposa f., wife
esposo m., husband
establecer, to establish
establecimiento,´establishment
estaca f., stake
estado m., state
estallar, to break out, to burst, to explode
estampa f., stamp
estancia f., stay, sojourn
estanque m., small lake, pond
estatura f., stature
este m., east
éste —a, this one; the latter
estilo m., style
estorbar, to hinder, to obstruct
estrecho m., strait
estrecho —a, narrow
evitar, to avoid
exagerar, to exaggerate
éxito m., success
  tener — —, to be successful
explorador f., explorer
explotación f., exploitation
explotar, to exploit
exportación f., export
expulsar, to expel
exquisito —a, exquisite, excellent
extender, extenderse, to extend
extranjero m., foreigner, stranger
en el —, abroad
extraño —a, strange, odd; **nada de — —** nothing strange
extremeño —a, m. & f., inhabitant of Extremadura
extremo m., extreme; **en — —,** to an extreme degree
extremoso —a, extreme
exuberante a., overabundant

F

fábrica f., factory
fabricación f., manufacture
fabricar, to make, to manufacture, to fabricate
facción f., faction
faja f., strip
falda f., slope
fallecer, to die
falta f., lack
faltar, to lack, to be lacking
fama f., reputation, fame
fascista, fascist
favorecer, to favor
fecha f., date
fenicio —a, m. & f., phoenician
feo —a, ugly
feria f., fair
feroz, fierce; pl. feroces
ferrocarril m., railroad
fiera f., fiend, beast of prey, wild animal
fijar, to fix
fijo —a, fixed
filólogo m., philologist
fino —a, fine
fin m., end; **al — —,** finally; **por — —,** finally, in short
firmar, to sign
firmemente, firmly
fomentar, to foment, to promote
fondo m., back; **al fondo,** in the background
fortificar, to fortify
fortuna f., fortune; **por fortuna,** fortunately
forzar, to force
fraile m., monk, friar
francés — — esa adj., French; m. & f., Frenchman, French woman
Francia, France
franciscano m., Franciscan
frecuencia f., frequency; **con — —,** frequently
fresco m., coolness; **hacer — —,** to be cool (of weather)
frontera f., frontier, boundary
fuego m., fire
fuente f., fountain
fuera de, outside of, excluding
fuerza f., force
funcionar, to function
fundación f., founding, establishment, something founded
fundador m., founder

fundar, to found
funesto —a, lamentable, mournful, sad

G

gaita f., bagpipe
galería f., gallery
Galia, Gaul
gallego m., language of Galicia
gallego —a, m. & f., inhabitant of Galicia
ganadería f., cattle-raising
ganado m., livestock
ganar, to earn, to win, to gain; **ganarse la vida,** to earn a living
garantizar, to guarantee
gastar, to spend
gasto m., expense
gastrónomo m., gourmet
general, general; **por lo ——,** in general
género m., genre, kind, sort
géneros m. & pl., goods, merchandise, commodities
gerente m., manager
gitano —a, m. & f., Gypsy
gobernador m., governor
gobierno m., government
golfo m., gulf
golpe m., blow; **—— de estado,** coup d'état
gótico —a, Gothic
gozar (de), to enjoy
grabado m., engraving
grado m., degree
gramática f., grammar
granada f., pomegranate
grandeza f., greatness
granja f., farm
grano m., grain
grial m., grail
griego —a, m. & f., Greek (Inhabitant of Greece)
guardar, to guard, to keep; **—— cama,** to stay in bed
guerra f., war; **—— civil,** civil war.
guerrero m., warrior
guerrillero m., guerrilla fighter
gustar, to please
gusto m., taste, pleasure

H

habitación f., room, bedroom
habitante m., inhabitant
hambre f., hunger
habsburgo —a, Hapsburg
hacer, to make, to do; **hacerse,** to become
halago, praise, caress, adulation
hallar, to find; **hallarse,** to be found, to be
hasta, as far as, up to, until; **desde . . . hasta,** from . . . to, until
hechizado —a, bewitched
hay, there is, there are; **hay que,** one must
hebraico —a, hebraic, Hebrew
hecho m., deed, fact
hecho —a, made (past part. of hacer)
hectárea f., hectare: a measure of area equal to about 2-1/2 acres
hemisferio m., hemisphere
heredar, to inherit
heredero —a, m. & f., heir, heiress
herejia f., heresy
herencia f., inheritance, heritage
hermosura f., beauty
hierba f., grass
hierro m., iron
higo m., fig
hispanófilo m., someone who loves Spain
historiador m., historian
hitleriano —a, Hitlerian
hondamente, deeply
hondo —a, deep, profound
honrado —a, honorable, honest, honored
horda f., horde
hospedarse, to lodge, to stay
hoy, today; **—— día, —— en día,** nowadays
hubo (pret. of haber), there was, there were
huelga f., strike
huérfano m., orphan
huerta f., orchard, large garden, irrigated land
huir, to flee
húmedo —a, humid

I

ibérico —a, iberian
ibero —a, m. & f., iberian (earlist inhabitant of the Iberian Peninsula)
idioma, m., language
iglesia f., church
ignominiosamente, ignominiously
imagen f., image
impedir, to prevent, to hinder, to impede
imperio m., empire
impotente m., powerless
imprenta f., printing
impresionante, impressive
impulsado —a, driven
impulsar, to drive, to impel
incluir, to include
increíble, incredible

indicar, to indicate, to suggest
indicio m., indication, clue
inducir, to induce
indujo, 3rd pers. pret. of inducir
industrioso —a, industrious
infeliz, unhappy
infiel m., infidel, unbeliever
infierno m., hell
influencia f., influence
influir, to influence; **—— en,** to have influence on
influjo, m., influence
ingenieria f., engineering
ingeniero m., engineer
ingenio m., cleverness
Inglaterra, England
iniciativa f., initiative
inmaculado —a, immaculate
inmortalizar, to immortalize
inquietud f., uneasiness
inspirar, to inspire
instalar, to install
instigar, to instigate, to incite
instruir, to instruct
intentar, to try, to attempt
interés m., interest
interesar, to interest; **—— se en,** to be interested in
interno —a, internal
intrigar, to plot, scheme
intruso m., intruder
invierno m., winter
invocar, to invoke
isla f., island
izquierdista m., leftist

J

jabón m., soap
jamás, never
jardín m., garden; **el Jardín del Edén,** the Garden of Eden
jarro m., pitcher, jug, pot
jefe m., chief; **—— del estado,** chief of state
jesuita m., Jesuit
joya f., jewel
judío —a, m. & f., Jewish; Jew
jugar, to play
juntamente, jointly
junto (a), next (to); **juntos —as,** together
juramento m., oath; **prestar juramento,** to take oath, to swear to
jurar, to swear
juventud f., youth (time of life)
juzgar, to judge

K

kilómetro m., kilometer (1000 meters—approximately .62 mile)

L

laberinto m., maze, labyrinth
labrador m., farmer
lado m., side; **al otro lado,** on the other side
ladrillo m., brick
lana f., wool
langosta f., lobster
largo —a, long; **a lo largo de,** along; **de largo,** in length
run
lástima f., pity
leal, loyal
leche f., milk
lector f., lecturer (in a university)
legumbre f., vegetable
lejos, far
lema m., motto
lengua f., language, tongue
letargo m., lethargy
levantamiento m., uprising
levantar, to raise, to erect, to lift; **—— se,** to rise up, to get up
ley f., law, statute ·
leyenda f., legend
líder m., leader
limón m., lemon; **limón verde,** lime
loco —a, crazy; **volverse loco,** to go crazy
locura f., madness
lograr, to obtain, to attain, to achieve
lonja, f., exchange
lucha f., struggle
luchar, to struggle
lugar m., place, spot; **tener ——,** to take place

LL

llamar, to call; **llamado —a,** called, so-called
llanura f., plain
llave f., key
llegar, to arrive; **—— a ser,** to become
llevar, to carry; **a cabo,** to carry out
lleno —a, full
llorar, to weep
lluvia f., rain

M

madrileño —a, m. & f., inhabitant of Madrid
maestro m., master

maíz m., corn
mandar, to order, to send
manejar, to manage, to handle, to operate
manera f., manner, way; **de una —— reciproca,** in a reciprocal manner
manifestación f., manifestation, demonstration
mano f., hand
maquinación f., artifice, machination, contrivance
maquinaria f., machinery
mar m., sea
maravillar, to dazzle, to fill with wonder
maravilloso —a, wonderful
marido m., husband
matador m., bullfighter
matar, to kill
matrimonio m., matrimony, marriage
mayor, greater, larger, oldest; **la —— parte,** the greater part
mayoría f., majority
Meca, Mecca, the Holy City of Islam which many pilgrims visit every year
mediados, about the middle of
médico m., doctor, physician
medio m., middle
mediodía m., noon, midday
mejor, better, best
mejorar, to improve
mencionar, to mention
melindroso —a, fussy, fastidious, prudish
menor, younger, smaller, less
menos, less, fewer; **por lo menos,** at least
menudo —a, tiny, minute, insignificant; **a ——,** often, frequently
merecer, to deserve, to merit
mes m., month
meseta f., plateau
mesón m., inn, tavern
mestizo —a, mixed, of mixed breed
metro m., meter, unit of the metric system which is equal to 39.37 inches or 3.28 feet
mezcla f., mixture
mezquita f., mosque
miedo m., fear; **tener ——,** to be afraid
miembro m., member
milagroso —a, miraculous
minería f., mining
minarete m., minaret
minoría m., minoret
mirar, to look, to look at; **al mirar,** on looking at
misa f., mass
mismo —a, self, same, same one
mitad f., half
monarquía f., monarchy
monárquico m., **—a,** monarchist
moneda f., money (coin)
monje m., monk
montadura f., setting
montado —a, mounted; **estar ——en caballo,** to be on a horse
montañoso —a, mountainous
montar, to be important; **tanto monta,** it's all the same
monte m., mountain
moral f., morale
morir, to die
morisco —a, Moorish
moro m., Moor
moro —a, Moorish
mostrar, to show; **—— se,** to appear
motivar, motivate
motivo m., motive; **con motivo de,** on the occasion of
mozárabes m. & f., Christians who lived in areas governed by the Moslems
mudéjares, m. & f., Moslems who lived in areas governed by Christians
muerte f., death
mundial, world-wide; **Primera Guerra ——,** First World War
mundo m., world
muralla f., wall
museo m., museum
musulmán m., Moslem, Mohammedan

N

nacer, to be born
nacimiento m., source (of a river), birth
Naciones Unidas, United Nations
nadar, to swim
naranja f., orange
naranjo m., orange tree
narración f., account, narrative
natal, native; **tierra ——,** native land
natural, m. & f., native
navarro —a, m. & f., native of Navarra
negarse (a), to refuse (to)
nevar, to snow
nicho m., niche, recess
niebla f., mist, fog
nieto m., grandson
nieve f., snow
niño —a, m. & f., child
nivel m., level; **—— del mar,** sea level
no obstante, notwithstanding, nevertheless
nombrar, to name, to appoint

nordeste m., northeast
noroeste m., northwest
norte m., north
notar, to notice
nuevamente, newly, freshly, i.e. again
nuez f., nut **(plural, nueces)**

O

obispo m., bishop
objeto m., object
obra f., work (literary,—of art, etc.); — — **maestra,** masterpiece
obrar, to work
obstante, no — —, nevertheless, notwithstanding
obstinación f., stubbornness, obstinacy
'**ocasionado —a,** occasioned
occidental, western
ocioso —a, idle, useless
ocupado —a, busy, occupied
odio m., hatred
odiar, to hate
oeste m., west
ofrecer, to offer
oído m., ear
olivar m., olive grove
olor m., odor
olvidar, to forget
opuesto —a, opposed; **past. part. of oponer**
opusieron, 3rd pers. pl. pret. of oponer
opuso, 3rd pers. sing. pret. of oponer
orden m., order; **por — — de,** by order of
orden f., religious order; command
orgullo m., pride
orgulloso —a, proud
orilla f., bank (of a river)
oro m., gold
otoño m., autumn, fall
oveja f., sheep

P

pacto m., pact, treaty
pagar, to pay (for)
país m., country
paisaje m., landscape
Países Bajos, Low Countries
palo m., stick, club
paloma f., dove
panteón, pantheon
Papa m., Pope
parcela, a piece of ground
parlamentario —a, parliamentary
parecer, to seem, to appear; **parecerse a,** to look like, to resemble; **al parecer,** apparently
parque m., park
parte f., part; **la mayor parte,** the greater part, the majority
partidario —a, m. & f., partisan, follower
partido m., party
partir, to leave, to depart
pasar, to pass
padado m., past
paseo m., walkway
pasto m., pasture
pastor m., shepherd
patio m., courtyard
patria f., homeland
paz f., peace
peatón m., pedestrian
pecado m., sin
pedir, to ask (for), to request
pelearse, to fight
pelo m., hair
peñón m., rock
pensar, to think; **— — en,** to think about
pera f., pear
perder, to lose
pérdida f., loss
peregrino —a, m. & f., pilgrim
personaje m. & f., character in a literary work
pertenecer, to belong, to pertain
pesar, to weight; **a — — de,** in spite of
pesado —a, heavy
pescado, fish; **toda clase de pescado,** all kinds of fish
pesca f., fishing
pesquero —a, fishing; **barco — —,** fishing boat
picaresco —a, picaresque, (of a novel) having a rogue or a rascal as a protagonist
pícaro m., rogue, rascal, scoundrel
pico m., peak
pie m., foot; **de pie,** on foot
piedra f., stone
pieza f., play
pillador m., pillager, plunderer
pintar, to paint
pintor m., painter
pintoresco —a, picturesque
pintura f., painting
pirenaico —a, Pyrenean, of the Pyrenees
Pirineos, Pyrenees
pisada f., footstep; **seguir las — — de,** to follow in the footsteps of, to follow the example of

piscina f., swimming pool
placer m., pleasure
plantarse, to plant in order to grow, to stand upright
plata f., silver
platillo m., dish (food)
plato m., dish (food), plate
playa f., beach
plaza f., square; **plaza de toros,** bull ring
plomo m., lead
población f., population, town
pobreza f., poverty
poco —a, little, few; **— — a poco,** little by little
poder m., power
poderoso —a, powerful
poeta m., poet
político —a, political
Polonia, Poland
pollo m., chicken
Pompeyo, Pompey
poner, to put, to place; **«no se ponía el sol»,** the sun didn't set
portada f., portal
posada f., inn
precio m., price
precipitar, to precipitate
preciso —a, necessary, precise
prèdicar, to preach
predilecto —a, favorite
prensa f., press
preparativo m., preparation
prestamista m., moneylender
prestar, to lend
pretendiente, pretender
primo —a m. & f., cousin
primogénito —a m. & f., firstborn
príncipe m., prince
principio m., beginning; **al — —; a los — —s,** in the beginning; at first
privar, to deprive
proa f., prow of a ship
probar, to taste, to test, to try, to prove
productivo —a, productive
prognosticar, to predict
prohibir, to prohibit
prole f., progeny, offspring, issue
propiamente, properly, appropriately
propiedad f., property
propio —a, own, very, same, self
propósito m., purpose
próspero —a, prosperous
protagonista m. & f., protagonist, principal character
proteger, to protect
protegido m., protegé
proveer, to provide
proyectar, to plan
proyecto m., plan, project
pueblo m., people, town
puente m., bridge
puerta f., door, gate
puerto m., port
puesto, past. part. of poner; — — que, since
puesto m., stall
punto m., point; **a punto de +inf.,** to be about to

Q

quedar, to remain
quejar, to complain
quemar, to burn
querer, to wish, to want; **— — decir,** to mean
queso m., cheese
químico —a, chemical
quiso, 3rd pers. sing. pret. of querer; no quiso, he refused
quitar, to remove
quizás, perhaps

R

radicar, to be based upon, to take root, to be located
raro —a, rare, unusual, strange
rato m., while; **a poco rato,** in a short while
raza f., race
razón f., reason; **tener — —,** to be right
real, royal
realizacion f., achievement
realizar, to carry out, to achieve, to perform
rebaño m., flock
rebelde m., rebellious
recibir, to receive
recíproco —a, reciprocal
reconocer, to recognize
Reconquista f., Reconquest
reconstruir, to rebuild, to reconstruct
recordar, to remind, to remember
recorrer, to traverse, to go through, to travel over, to cover
recuerdo m., souvenir
reducto m., stronghold
reemplazar, to replace
referirse (a), to refer (to)
reflejar, to reflect
refrescante m. & f., refreshing
refrescar, to refresh
refugiarse, to take refuge

regalo m., gift
regar, to water, to irrigate
regresar, to return
reina f., queen
reinado m., reign
reinar, to reign
reino m., kingdom
relacionado —a (con), related (to)
relato m., account, narrative
reliquia f., relic
renacimiento m., renaissance, rebirth
rendir, to render
rendimiento m., yearly produce
renombrado —a, famous, renowned
renunciar, to renounce
residir, to reside, to dwell
respecto m., respect; **respecto a,** in regard to, regarding, with respect to
restablecer, to restore, to re-establish
restaurar, to restore
restos m. pl., remains
resultado m., result; **dar por ——,** to result (in), to turn out
resultar, to result, to turn out to be
resumen m., summary, résumé; **en ——,** in short, briefly, summing up
retablo m., altarpiece
retirar, to withdraw; **retirarse,** to retire
retratar, to paint a portrait
retrato m., portrait
reunirse, to meet, to assemble
rey m., king
Rhin, Rhine (river)
riego m., irrigation
rienda f., rein
rincón m., corner
río m., river
riqueza f., wealth, richness; pl. riches, resources
robar, to rob
rodear, to surround
roedor m., rodent
rojo —a, red
roqueño —a, rocky
rueda f., wheel; **—— hidráulica,** water wheel
ruina f., ruin
ruinoso —a, ruinous
ruta f., route

S

saber, to know, to know how
sabio —a, wise
sabroso —a, tasty, savory, delicious
sacerdote m., priest
sacristía f., sacristy
sacro —a, sacred, holy; **Sacro Imperio Romano,** Holy Roman Emire
sagaz, shrewd, sagacious (plural: sagaces)
sala f., hall
salir (de), to leave, to emerge
saludable, healthy
saludar, to greet
salvar, to salvage
sangriento —a, bloody
sano -a, healthy
Santa Campaña f., ghosts
santo patrón, santa patrona, Patron Saint
santuario m., sanctuary
saqueador m., looter, pillager
sartén f., frying-pan
seco —a, dry
secuestrar, to kidnap
seda f., silk
seducir, to seduce
sedujo, 3rd. pers. sing. pret. of seducir
sefardí m. & f., Spanish Jew; (plural sefardíes)
seguida f., succession; **en seguida,** at once
seguir, to follow, to continue
según, according, according to what
semana f., week; **Semana Santa,** Holy Week
semejante, similar
sentado, seated
sentido m., sense
separarse de, to separate itself from
sepulcro m., sepulcher
sepultado, entombed, interred, buried
ser, to be; **puede ser,** it may be, possibly
serio —a, serious
serranía f., mountain ridge
servir, to serve
siglo m., century; **Siglo de Oro,** Golden Age
simboliza, to symbolize
sin, without; **—— embargo,** however, nevertheless, notwithstanding
sindicato m., labor union
sino, but
sitio m., spot, site, place; **poner —— a,** to lay siege to
soberanía f., sovereignty
soberano —a m. & f., (noun) sovereign; **soberano —a** (adj) sovereign
sobre, over, above, on; **sobre todo,** especially, above all
sobrenombre m., nickname
sobresaliente, outstanding
socialista m., socialist

sol m., sun; «**no se ponía el sol**», the sun didn't set
soldado m., soldier
solicitar, to seek, to importune, to solicit
solo —a, single, lone, alone
sólo, only
soltera f., spinster
sombra f., shadow
sombrio —a, gloomy, somber
sonido m., sound
sonriente m. & f., smiling
sospechar, to suspect
sostener, to sustain, to hold up
subir, to go up, to climb; **— — al trono,** to succeed to the throne
súbito —a, sudden
subyugar, to overcome, to subdue, to subjugate
suceder, to happen, to succeed to the throne; **se sucedieron,** succeeded each other
suceso m., event
sudeste m., southeast
sudoeste m., southwest
suegro m., father-in-law
suevo —a m. & f., of or pertaining to the Swabians, a barbarian tribe which invaded Spain the 5th century
sujeto m., subject
superficie f., surface
superior, upper
supuesto —a, supposed; **por — —,** of course
sur m., south
suyo —a, his, hers, your(s), their(s)

T

táctica f., tactics
tal, such, such a; **— — como,** such as
tamaño m., size
tan, so, such
tanto —os, —a, —as, so much, so many; **por lo — —,** therefore
tapiz m., tapestry, (pl. **tapices**)
tardar, to delay
tarde, late
taurino —a, of, for, or pertaining to bulls
techo m., roof
tejido m., material, textile
telégrafo m., telegraph
tema m., theme
templado —a, temperate
tener, to have; **tener que + infinitive,** to have to: **tener lugar,** to take place; **tener éxito,** to be successful; **tener en cuenta,** to take into account
terciopelo m., velvet
tesoro m., treasury
testamento m., will
tez f., complexion; **— — blanca,** fair complexion
tía f., aunt; **— — abuela,** great-aunt
tiempo m., time, weather
tienda f., store
tinta f., ink
titular, to entitle, to give a title
título m., title
tocante a, concerning, with regard to
tocar, to touch; **el poder le toca a,** the power is in the hands of
tocar, to ring (a bell)
todavía, still, yet
todo —a, all; **sobre — —,** especially
toledano —a, of Toledo
toril m., bullpen
toro m., bull; **corrida de toros,** bullfight
torre f., tower
trabajador m., worker
trabajar, to work
trabajo m., work, labor, task
traer, to bring, to bring over
tráfico m., trade, business, traffic
traje m., costume, suit
trajeron, 3rd pers. pl. pret. of traer
transeúnte m. & f., passerby
transporte m., transport, transportation
trasladar, to move
tratar (de), to try (to); **— — se de,** to be a matter of, to be a question of
través: a — — de, across, through, by way of
tribu f., tribe
tribunal m., court (of justice)
trigo m., wheat
trillar, to thrash (grain)
triste, sad
trono m., throne
tropas f., troops
trovador m., minstrel, troubadour
turco m., Turk; **turco —a,** Turkish
turista m. & f., tourist

U

último —a, last
único —a, sole, only
unificar, to unify
unir, to unite
unos —as, some
uva, f., grape

V

vagón m., car, coach (usually for railroads)
valenciano —a, m. & f., inhabitants of Valencia
valer, to be worth; **valer la pena,** to be worth it.
valor m., value
valle f., valley
vándalo —a, m. & f., of or pertaining to the Vandals, a barbarian tribe which invaded Spain in the 5th century
vano —a, vain
varios —as, several, various
vasco m., Basque, native of the Basque country
vascuence m., Basque, language of the Basque country
vecino —a, m. & f., neighbor, citizen
vegetal adj., vegetable
vejar, to harass, to plague
vencer, to conquer, to overcome, to defeat
vender, to sell
vendimia f., vintage, grape harvest
vengarse, to get revenge, to avenge
ventaja f., advantage
ventanales m., large windows, church windows
veras f. pl., reality, fervor; **de — —,** indeed
verdadero —a, real, true
verde, green
vestigio m., vestige
vestirse, to dress, to wear
vez f., time; **por primera vez,** for the first time; **a la vez,** at the same time; **otra vez,** again; **de vez en cuando,** from time to time; **cada vez más,** more and more
viaje m., journey, trip
vid f., grape vine
viento m., wind
vigilar, to stand guard
vino m., wine
viña f., vineyard
visigodo m., Visigoth
vista f., view
visto —a, (past part. of ver) seen; **por lo visto,** apparently
vivo —a, lively, alive
volver, to return; **volver a + inf.,** to (do something) again; **volverse loco,** to go crazy
votar, to vote
vuelta f., return; **estar de — —,** to be back

Y

ya, now, already; **— — que,** since
yacer, to lie

NTC SPANISH PAPERBACKS

Graded Readers
Cuentitos simpáticos, *Pfeiffer*
Cuentos simpáticos, *Pfeiffer*

Cultural Readers
Panorama del mundo latinoamericano: The Andean Region, *Kessler*
Leyendas latinoamericanas, *Barlow*
Leyendas mexicanas, *Barlow and Stivers*
Leyendas de Puerto Rico, *Muckley, Martinez-Santiago*
Cuentos puertorriqueños, *eds. Muckley and Vargas*
Leyendas de España, *Barlow and Stivers*
Cartas de España, *ed. Concheff*
"En directo" desde España, *Dekovic; ed., Garcia-Reyes*
Voces de Puerto Rico, *Overholt*
Muchas facetas de México, *Burnett*
Una mirada a España, *Daniel*

Cross-Cultural Awareness
Encuentros culturales, *Snyder*
Everyday Conversations in Spanish, *Davies*
La Navidad

Sr. Pepino Series
La momia desaparece, *de Rosa*
El secuestro, *de Rosa*
La casa embrujada, *de Rosa*

Journeys to Adventure Series
El Jaguar curioso, *Navas Rivas*
Un verano misterioso, *Mohrman-Kosnik*
La herencia, *de Escobar*
El Ojo de agua, *Schrade*
El enredo, *Mohrman-Kosnik*

Literature
Literatura moderna hispánica, *ed. González*
Teatro hispánico, *eds. Jackson and Guillermo*

Literary Adaptations
Tres novelas latinoamericanas, *ed. Tardy*
Tres novelas españolas, *ed. Tardy*
Dos novelas picarescas, *ed. Tardy*
Don Quijote de la Mancha, *ed. Tardy*
El Cid, *Andrade*
Nuestras mujeres, *ed. Zelson*

Short Stories
Joyas de lectura
Cuentos de hoy, *ed. González*
Cuentos puertorriqueños, *eds. Muckley and Vargas*

Plays and Skits
Diálogos contemporáneos, *ed. Concheff*
Cinco comedias, *Thompson*
Siete piezas fáciles, *Roach*
Panamericana